U0610880

区块链技术赋能
物流供应链企业信任关系

王莉芳　温　文　毕溪纯　孙丽萍　著

科学出版社

北京

内 容 简 介

本书的研究立足于当前的物流转型升级改革、经济发展形势、技术创新大环境，以完善的供应链协同管理平台的建立、广泛的数据采集与分析为基础，通过区块链技术赋能物流供应链重塑新一代的机器信任，致力于解决物流供应链企业间信息不对称、信任危机、物流供应链协同管理平台不完善的问题。本书期望能推进区块链技术在物流供应链领域的应用，以及用新型技术革新物流供应链企业间信任关系。

本书可作为管理科学与工程、工商管理、工程管理及相关管理专业的研究生，以及从事相关研究的专业人员进行理论研究的参考书，同时对从事物流管理与区块链技术赋能实体的工作人员也具有一定的指导作用。

图书在版编目（CIP）数据

区块链技术赋能物流供应链企业信任关系 / 王莉芳等著. —北京：科学出版社，2023.6
　　ISBN 978-7-03-073708-3

Ⅰ. ①区⋯　Ⅱ. ①王⋯　Ⅲ. ①区块链技术 – 影响 – 企业管理 – 供应链管理 – 研究　Ⅳ. ①F274-39

中国版本图书馆 CIP 数据核字（2022）第 208280 号

责任编辑：王丹妮 / 责任校对：姜丽策
责任印制：赵　博 / 封面设计：无极书装

科 学 出 版 社 出版
北京东黄城根北街 16 号
邮政编码：100717
http://www.sciencep.com
固安县铭成印刷有限公司印刷
科学出版社发行　各地新华书店经销

*

2023 年 6 月第　一　版　开本：720×1000　1/16
2024 年 1 月第二次印刷　印张：11
字数：222 000

定价：126.00 元
（如有印装质量问题，我社负责调换）

前　言

　　伴随我国经济转型升级日渐深化，社会分工开始更加细化，不同企业间的合作范畴得以持续拓展，传统的物流供应链企业结构越来越复杂。企业间的信任是一种对未来行为的承诺，若企业间缺乏信任，供应链就无法正常运行，现实中大多数供应链管理失败的原因被归结为供应链企业间信任缺失。由此可见，企业间信任关系是成功管理供应链的必要条件。虽然对企业间信任关系产生影响的因素种类繁多，但随着信息技术的蓬勃发展，信息技术能力、信息沟通与信息共享程度等因素对企业间信任程度的影响越来越大，物流供应链企业间信任关系也随之成为研究的热点问题。物流供应链仍然面临着企业间信息不对称和信任缺失的问题，进而影响物流供应链企业间合作稳定性，导致物流供应链参与主体利益分配不均、整体决策效率低下。区块链技术的引入有助于通过信息协同和信任关系两个渠道发挥驱动作用，促进供应链的协同管理，为提升供应链企业绩效提供新思路、新方法和新途径，本书的研究就产生在这样的背景之下。

　　为了深入挖掘区块链技术对物流供应链企业间信任关系的影响，本书将资源基础理论与交易成本理论作为理论基础，运用文献研究和实地调研的方法进行分析、论证和逻辑推演，以信息协同对供应链企业信任关系的影响为切入口，研究物流供应链企业间信任形成机理，以及信息协同与信任关系之间交互作用对供应链协同管理的影响，采取数理研究的方法对信息协同、信任水平影响国内物流供应链协同管理，以及国际物流供应链协同管理进行实际验证，证明二者交互作用对供应链协同管理具有正向促进作用，因此通过高效的信息协同和高程度的信任水平才能提高供应链协作程度。区块链技术具备的分布式账本、信息追溯、信息加密技术等特质可以在物流供应链管理领域发挥巨大优势，在供应链场景中具有极强适用性和应用价值。本书在此基础上引入区块链技术，研究了基于区块链技术的物流供应链企业间信任关系重塑机理，进而设计了基于区块链技术的农产品供应链机器信任实现平台对理论研究结果进行实际演示，证明了理论研究的有效性和科学性，并给出了研究结论。本书所做的主要研究工作及创新点如下。

1. 构建了信息协同对物流供应链企业间信任关系影响的理论模型

在对相关理论和文献进行研究和综述的基础上，发现现有研究的不足，界定出本书的科学问题；在清晰研究问题的基础上，展开相关理论和文献的分析和逻辑推理，从而提出相应的研究假设，据此推导出理论模型。揭示了沟通及信息技术能力对供应链企业间信任关系的内在机理，验证了信息共享的中介作用。在梳理国内外已有成熟量表的前提下，经学术讨论、企业深度访谈和预调研等多个环节进行问卷测试、修订和完善，形成最终测量量表，进而发放和回收问卷。在统计分析问卷数据的基础上，运用 AMOS 22.0 软件检验问卷数据是否具有较好的信效度，对主效应检验采用验证性因子分析法，对中介效应检验采用 Bootstrap 方法，最终得出假设检验结果并进行汇总。研究结果发现：①沟通和信息技术能力对供应链企业间信任关系均有显著正向影响；②信息技术能力对信息共享有显著正向影响，信息共享对供应链企业间信任关系有显著正向影响；③信息共享在信息技术能力和供应链企业间信任关系之间起部分中介作用。

2. 分析了物流供应链企业间信任关系形成机理

首先界定出供应链协同管理的信息协同和信任关系的内涵，运用 CiteSpace 软件提取出供应链企业间信息协同的影响因素：供应链协同管理的信息协同的影响因素为技术、成本收益、机制和企业间关系；供应链协同管理的信任关系的影响因素为关系、合作特征、机制、技术、信息共享。分析结果表明：①信息协同和信任水平之间具有相互促进的关系。一方面，只有企业间充分共享了相关信息，才能够有助于培育企业间信任关系，尤其是有助于体现企业能力和良好信用记录的信息；另一方面，企业的信任关系也有助于培养其责任感和奉献精神，并且可以改善因为顾虑合作伙伴泄露信息而不愿意共享信息的现象。②信息协同和信任水平对于供应链协同管理具有交互影响。一方面，只有在信息得到充分共享时，信任才能够更加充分地发挥效果；另一方面，只有在企业间建立起充分的信任关系时，信息协同才能够发挥更大的效果。

3. 验证了物流供应链企业间信任形成关系机理

供应链企业间信任关系形成机理的验证选择国内物流供应链和国际物流供应链为研究样本。国内物流供应链的研究选取世界银行的微观企业调查数据，结合各省（区、市）的调查数据加以辅助。研究结果表明：①企业所在省（区、市）的信任度及企业主要合作伙伴所在省（区、市）的信任度，均可以显著降低纠纷次数，提升合作持续时间，进而证明了信任关系对供应链协同管理的促进作用；②企业对信息技术的使用也可以显著降低纠纷次数，提升合作持续时间，进而证明了信息协同对供应链协同管理的促进作用；③研究发现国内企业间相互高信任水平对供应链协同管理的促进作用最大。国际供应链的研究选取各国产品层面的双边贸易数据，采取国际贸易领域的引力模型框架展开研究，研究结果表明：①各国的信任状况和信息技术普及程度，均可以显著提高中间品贸易及中间品贸易量占比，进而证明信息协同和信任关系对全球价值链协同管理的促进作用。②信息协同和信任关系能够从多个维度促进供应链协同管理，这一结论在国内供应链参与和全球价值链参与中均成立。③信息协同和信任水平具有显著为正的交互效应，并且信息协同水平较高的企业，信任水平对供应链协同管理的促进作用更高；信任程度较高的企业，信息协同对供应链协同管理的促进作用更高。

4. 分析了基于区块链技术的物流供应链企业间信任关系重塑机理

在区块链技术应用于供应链企业信息协同方面，首先分析了传统物流供应链信息协同机制具有中心化现象严重、缺乏有效制约机制、信息共享的质量和效率较低的缺陷，以及区块链技术的特性可以有效解决传统供应链信息协同机制中的难点，提出了引入区块链技术有助于弥补信息失调的情况，且信息失调的程度越高，引进区块链的激励越大，进而通过数理模型的方式对区块链促进供应链协同管理的信息协同机理进行数理模拟，并对数理模拟的结果进行验证，验证结果证明了区块链促进供应链协同管理的信息协同机理的可靠性和科学性。在区块链技术应用于供应链协同管理的信任关系驱动方面，分析了传统供应链企业间信任关系不平等、契约型信任关系的培育中存在监管失灵的问题、企业间信任水平依赖于可掌握的信息获取程度、供应链企业间文化不相容导致信任关系难以建立的缺陷。区块链技术的引入可以弥补中心化信任结构的缺点，通过智能合约的引入形成有约束力的激励机制，在共识层面统一企业间信任关系价值观，建立统一的交往范式。通过数理模型的方式对区块链促进供应链协同管理的信任协同机理进行数理模拟，验证结果证明了区块链技术能够促进供应链企业间信用的构建，验证了信任重塑机理的可靠性和科学性。

研究结果表明：区块链技术的去中心化结构能够弥补传统基于中心化的信息协同与信任维持体系，从信息协同和信任水平两个渠道促进供应链协同管理的优化。数理模型的模拟表明：区块链的引入有助于减少"牛鞭效应"，但传统供应链协同管理水平较低时对区块链的投入量往往不足，当企业间信任水平较低时对区块链投入的意愿更低，导致企业间信任关系不断恶化。解决办法是通过信息协同和信任水平两个渠道搭建基于区块链技术的供应链协同管理平台的投入使用，促进供应链实现整体利润的最大化。

5. 设计了基于区块链技术的农产品供应链机器信任平台

农业作为国民经济发展的基础产业，在产业布局中起到非常重要的作用，随着全面推进乡村振兴战略的提出，居民农产品消费观念出现了很大的转变，需求种类不断增加，消费的各个层面不断升级，这些变化对于农业供应链提出了更高标准的要求。将区块链技术应用到农业供应链的协同管理，构建基于区块链技术的农业供应链协同管理实现平台具有紧迫性的现实需求。选择农业供应链为平台实现的研究对象，分析农业供应链目前存在供应链体系—性和规范性不足、一体化资源整合平台不完善、供应链信息传递能力弱、缺乏具有领导能力的核心企业等问题，以 Hyperledger Fabric 联盟链为基础，搭建了农产品供应链协同管理的实现平台，设计了用户服务层、智能合约层、区块链基础层、通信层并通过环境测试。平台以区块链为底层技术，连接了农产品供应链内生产单位、仓储单位、运输单位、零售商、消费者五方信息协同和信任关系，提出了基于区块链技术的农产品供应链业务主体身份证书生成方法、信息构成和传播方法、共识认证方法、数据存储及访问方法，给出了其交易具体流程，并对系统进行实现模拟，模拟结果实现了供应链协同管理中信息协同和信任关系的同步传递，可以通过查询各方的真实信息数据溯源整个农产品供应链生命周期的信息状态，并且能在区块链浏览器里根据指定交易 ID（identity document，身份标识号）查询交易详情，验证农产品供应链中各个环节信息的真实性，加强五方互信，提升供应链上下游间信任水平。

本书研究历时五年，研究团队先后完成了两项国家级、企业合作课题的相关研究，发表了数篇研究论文和学位论文等阶段性成果。在本书的写作过程中，博士研究生温文、毕溪纯和硕士研究生孙丽萍参与了第 1~3 章、第 5 章、第 7 章中部分问题的研究。在调研过程中，中铁联运物流股份有限公司为调研提供了帮助和便利，在此一并致以诚挚的谢意！由于笔者见解所限，书中难免存在不足之处，欢迎广大读者批评指正，共同推动物流供应链企业信任关系的研究。

目　　录

第1章 绪　　论

1.1　物流供应链的时代背景

1.1.1　政策背景

物流产业是物流资源产业化形成的一种聚合型产业，物流产业的发展对于一个国家的经济增长和经济发展至关重要。2013 年 9 月"一带一路"倡议的提出标志着我国物流业发展进入新阶段。2015 年 5 月国务院印发的《中国制造 2025》表明了中国制造业的战略目标是建设制造强国，这一政策的出台标志着我国即将迎来一场有关科技和产业结构的大变革，将转变我国现有的经济发展方式。2017 年 10 月，国务院首次针对供应链创新与应用出台指导意见文件，意见中指出要结合我国国情和我国供应链发展现状，利用大数据支撑，创新发展和应用新技术，将我国的智慧化供应链体系打造成共享网络化、协作智慧化新体系。2021 年全国交通运输工作会议强调要把重点放在内部质量提高效果和国际国内物流供应链稳定畅通上，加快形成内联、安全高效的物流网络，加快建立物流供应链管理新模式。

伴随我国经济转型升级日渐深化，社会分工开始更加细化，不同企业间的合作范畴也得以持续拓展，传统物流供应链企业结构越来越复杂，面临着信息不对称和信任缺失的问题，影响物流供应链企业间合作稳定性，导致物流供应链参与主体利益分配不均，整体决策效率低下，物流供应链管理的意义日益凸显。在竞争日趋激烈、日益变化莫测的市场环境中，供应链的组织结构和物流供应链企业之间的关系正在慢慢发生改变，传统的物流供应链模式也逐渐淡出市场，这将给物流供应链的正常运行和管理带来极大的不确定性，尤其在我国法律法规体系和社会制度环境不健全、市场机制和企业文化建设不完善的背景下，对物流供应链企业间信任度提出了更高的要求。在动态变化的市场环境中，企业也越来越重视建立良好的物流供应链信任关系。但事实上，我国大部分物流供应链企业间真正的信任关系尚未形成。

近年来，科技领域的最为突出的创新是区块链技术，在供应链管理中，以区块链为代表的高新技术，对于解决物流供应链企业间信息传递和信任关系具有重要作用。当今世界，主要科技大国都在布局区块链技术，区块链技术的引进也一直得到国家的重视。2019 年，习近平总书记在中央政治局第十八次集体学习时提出："区块链技术的集成应用在新的技术革新和产业变革中起着重要作用。我们要把区块链作为核心技术自主创新的重要突破口，明确主攻方向，加大投入力度，着力攻克一批关键核心技术，加快推动区块链技术和产业创新发展。"① 2020 年针对逆全球化和新冠疫情影响下的国内外经贸新格局，党的十九届五中全会通过的《中共中央关于制定国民经济和社会发展第十四个五年规划和二〇三五年远景目标的建议》提出要"加快构建以国内大循环为主体、国内国际双循环相互促进的新发展格局"。无论是国内循环还是国际循环，均需要加强对供应链协同的管理。在国内，只有打破地区保护和行业保护，提高供应链内企业合作的畅通程度，继续优化供应链协同管理，提升供应链整体利益，才能够真正实现国内大循环的顺畅运行；在国际上，则需要化解政治制度、文化传统、意识形态等差异所带来的交易成本，通过有效的供应链管理降低整合成本，降低合作成本，确保供应链安全。为贯彻中央关于区块链发展的重要精神，2021 年 5 月工业和信息化部（简称工信部）、中共中央网络安全和信息化委员会办公室联合发布了《关于加快推动区块链技术应用和产业发展的指导意见》。伴随着国家规划和政策的支持，各地方政府纷纷出台了对区块链支持的政策，区块链技术在国内得到长足的发展与应用。2021 年 12 月，由中国信息通信研究院编写的《区块链白皮书（2021 年）》在"2021 可信区块链峰会"上发布，该白皮书指出，区块链正向"信任链""协作链"的新发展阶段迈进。

伴随着这些国家战略部署性文件的颁布，区块链技术的研究与应用呈爆发式增长态势，被认为是继大型机、个人电脑、互联网、移动/社交网络之后又一次颠覆式创新。区块链技术的理论研究成为热点领域，实践应用探索已经进入金融、物联网、房地产和物流供应链等行业，特别是区块链技术的溯源特性在物流供应链管理中得到了快速的应用和发展。2017 年，《国务院办公厅关于积极推进供应链创新与应用的指导意见》确立了"大数据支撑、网络化共享、智能化协作的智慧供应链体系"的基本目标。区块链技术的引入对于供应链体系的构建具有独特意义。实体经济中，在物流供应链领域区块链技术的应用尤为瞩目，早在 2018 年，IBM（International Business Machines Corporation，国际商业机器公司）商业价值研究院对运输行业的 202 名高管进行问卷调查，结果表明，有 14% 的管理者

---

① 习近平：把区块链作为核心技术自主创新重要突破口 加快推动区块链技术和产业创新发展. http://jhsjk.people.cn/article/31421707，2019-10-26.

正在使用或投资区块链技术，有 **77%** 的管理者表示将要在 3 年内将区块链网络引入生产之中，**70%** 的高管认为区块链技术有助于降低物流成本、减少物流时间、缓解合作风险[1]。2020 年 12 月，中国物流与采购联合会会长何黎在第二届全球供应链数字经济峰会上指出，2020 年在全球范围内所有区块链与实体经济相结合的项目中，有超过 **32%** 的项目为物流与供应链领域。区块链技术在物流供应链领域的应用具有广阔的前景，区块链技术在物流供应链管理中的研究和应用成为研究热点问题，其中最紧迫的问题是随着经济转型升级，社会分工日益细化，企业合作范围不断扩大，传统的供应链企业结构越来越复杂，面临着信息不对称和信任缺失的问题，影响供应链企业间合作稳定性，导致供应链参与主体利益分配不均，整体决策效率低下。

基于上述时代背景与政策环境的分析，本书以物流供应链企业信息协同和信任关系为研究对象，探索研究现阶段物流供应链企业信任关系，应用区块链技术建立统一的信息存储共享平台，将物流、信息流、资金流整合到区块链中实现信息协同，共同打造智能合约，重塑供应链企业间信任体系，最终打造"区块链+供应链"机器信任平台，对区块链协同管理中的信息协同与信任关系进行详细论述与实证检验，对区块链技术通过信息协同和信任关系优化供应链协同管理的渠道进行详细论述，并在此基础上对基于区块链技术的供应链协同管理平台进行搭建和运行，以提高物流运输组织效率和效益，更好地服务于经济社会发展，大幅度提升资本利用效率和市场诚信水平。

1.1.2　学术研究背景

1. 理论研究

（1）运用供应链协同管理理论，厘清信息协同和信任关系的内涵与外延，揭示信息协同和信任关系对供应链协同管理作用的路径、协同维度和影响因素。

本书给出供应链协同管理的信息协同和信任关系的内涵，探究供应链协同管理的作用路径，并对供应链协同管理维度进行划分，提炼出供应链企业间信息协同的影响因素，丰富供应链协同管理的理论内容。

（2）通过研究信息协同和信任关系对物流供应链协同管理的机理，并验证国内物流供应链和国际物流供应链信息协同和信任关系对供应链协同管理的正向促进作用，丰富供应链协同管理的理论基础。

本书采用计量经济学的方法，国内供应链的数据选取世界银行的微观企业调查数据和综合各省（区、市）的调查数据，国际供应链的数据选取各国产品的双边贸易数据，利用国际贸易领域的引力模型框架展开研究，通过控制变量、工具变量等各种方法，有助于提升实证研究的科学性和准确性，为理论提供坚实的实证基础。

（3）在信息协同和信任关系的实证研究基础上引入区块链技术，为供应链协同管理优化升级提供新的研究视角。

本书通过数理模型推导证明引入区块链技术对企业间信息协同和信任关系的促进作用，在此基础之上深入探索区块链技术促进供应链协同管理的积极影响。一方面是对区块链影响因素的深化和细化，另一方面是对以往关于区块链应用于供应链领域研究的一次综合，丰富区块链技术在供应链协同管理理论的应用范围，为供应链企业信息协同和信任关系的有效提升提供新的管理视角和创新思路。

2. 实践研究

（1）为物流供应链企业间信息共享和信任共建提供实际解决方案。由于供应链上下游企业在数据的共享程度、可溯性和真实性方面缺乏整体可信的应用平台，本书将区块链技术应用于供应链协同管理的实践探索，建立一体化、透明化、可视化的供应链协同管理平台，有助于企业降低信息获取成本和信任损耗，简化多余管理流程，提升供应链各方合作共赢状态。

（2）为物流供应链行业的新旧动能转换和高质量发展提供创新实践。区块链技术作为跨时代的新技术已被上升为国家战略，本书通过基于区块链技术的物流供应链机器信任平台在农产品领域的构建，拓展区块链技术在农业供应链场景的应用落地，加速区块链技术在供应链协同管理领域下的产业融合，为实现数字经济与实体经济融合提供新动力。

1.2　研　究　内　容

本书研究内容分为四部分，其中分析信息协同对物流供应链企业信任关系的影响是整个研究的基础，物流供应链企业间信任关系的构建是核心，基于区块链技术的物流供应链企业信任平台的生成是落脚，降低供应链上物流企业的成本、提升企业资源配置效率是目标。

1. 信息协同对物流供应链企业信任关系的影响研究

梳理供应链企业间信任关系的影响因素：①首先，通过对相关文献的研读，对供应链企业间信任关系的影响因素进行整理汇总，结合研究背景初步筛选适合本书的影响因素。其次，通过实地走访企业中的管理者和资深员工，选取最合适的变量，对各个影响因素进行概念界定和维度划分，得到本书情景下的理论模型。②探究沟通对供应链企业间信任的直接影响。在以往文献研究中沟通与供应链企业间信任关系有密切的联系，那么在信息技术迅猛发展的情境下，沟通对供应链企业间信任关系的影响会不会发生改变？会发生什么样的改变？本书对此进行细致深入的讨论与验证。通过文献分析供应链企业信任关系的维度和影响机制，进而探讨信息共享与信任的关系。③探究信息技术能力对供应链企业间信任关系的直接影响。国内外专家和学者对信息技术能力与供应链企业间信任关系之间的影响路径进行了大量的相关研究，本书在剖析理论模型的直接影响路径基础上，再结合介入的中介变量，深入讨论信息技术能力对供应链企业间信任关系的影响。

2. 物流供应链企业间信任关系形成的机理研究

目前学界关于信息协同和信任关系的作用路径、维度划分和影响因素还未形成统一的标准，并且忽略了信息协同和信任关系的交互作用：①通过文献综述法、归纳总结法和 CiteSpace 软件分析影响信息协同和信任关系的作用机理。②在机理验证部分，国内供应链研究中学界虽然在理论上给出了肯定的回答，但是实证研究中存在样本量较小、内生性等问题，难以得到科学的因果推断和准确的效果评估，本书采取数理研究的方法试图在实证研究中回答这一问题。目前，国内学者的实证研究聚焦于国内企业，但供应链协同的问题对于全球价值链尤为重要，以数理研究的方法对信息协同和信任关系影响国际供应链的效果需要进一步研究。

3. 基于区块链技术的物流供应链企业间信任关系重塑过程研究

研究内容如下：①采用调研分析和案例分析的方式，选择物流企业为样本，设计信任变量与度量的问卷，提取物流供应链企业间信任关系关键影响因素；②在一般供应链制度信任关系影响机制的基础上，分析基于区块链技术的机器信任影响机制；③将区块链引入物流供应链，建立统一的信息存储共享平台，将信息流、物流及资金流融入区块链中，利用区块链技术透明、公开、不可篡改的特性打造"智能合约"，让供应链中商品变化情况可以被实时查看，最终建立一个同时包含信息和信任因素的数理模型，对区块链的作用机理进行详细论述。

4. 基于区块链技术的农产品供应链机器信任平台设计

现阶段在此方面的设计缺乏系统的理论分析和坚实的实证支撑，本书在上述理论分析的基础之上，探索搭建基于区块链技术的供应链协同管理平台，试图在供应链服务的各个环节中，保障信息的真实传递。以农产品供应链为例，尝试为生产单位、仓储单位、运输单位、零售商及消费者提供信息和信任平台，通过对供应链各环节进行把控和监督，探索提升农产品供应链信息传导过程中的真实化、透明化和可视化程度，使农产品供应链价值链水平不断提高，为整体供应链水平的持续改进提供支持。

5. 基于区块链技术的物流供应链企业间信任关系促进策略

深入分析促进物流供应链企业间信任关系紧密的宏观和微观影响因素，结合物流供应链企业实际运行的情况和我国目前对区块链技术的政策法律法规，提出促进物流供应链企业间信任关系的策略，并在北京迪曼森科技有限公司和中铁联运物流股份有限公司进行实践应用，验证所提管理策略的科学性和实用性。

1.3 研究思路和方法

本书的研究思路按照提出问题、分析问题、解决问题的思路展开，具体的逻辑框架图如图 1-1 所示。

本书主要采用以下研究方法。

1. 文献研究的方法

利用 Web of Science、知网、万方等平台检索的专利数据和学术文献是本书研究过程的基本保障。通过文献分析，对国内外区块链技术等文献资料进行归纳与整理，明确当前具体情况及存在哪些重要问题，为重构供应链协同商业模式打下坚实的理论基础。

2. CiteSpace 统计分析的方法

在对信息协同和信任关系影响因素的提取方面，本书运用 CiteSpace 软件，对文献中的关键词频率和中心性进行计算，并通过聚类分析和突现强度分析等方式，寻找学界关于信息协同和信任关系影响因素的关注焦点，进而为本书的研究提供帮助和佐证。

3. 多元回归的方法

通过回归分析的方法对本书中的理论假说进行验证。在回归分析中，为了解决遗漏变量等问题产生的一系列内生性偏差，并且有效控制对解释变量与被解释变量两种变量产生影响的因素，采取多元回归的方式，并采取聚类文件的标准误。考虑到解释变量有截尾的特征，在多元回归时使用 Tobit 模型。

问题的提出

区块链的迅猛发展升级理论热点研究

中铁联运物流股份有限公司、阿里巴巴、京东等标杆企业实际应用

物流供应链企业间信任关系问题

信息协同对物流供应链企业间信任关系的影响研究

信息协同对物流供应链企业间信任关系的影响

信息共享作用价值
信息传递路径分析
信息共享维度划分

分析信息协同与信任关系

信任理论相关研究
信任维度相关研究
信任影响机制分析

物流供应链企业间信任关系形成机理分析及验证

影响
维度
路径

信息协同形成机理
信任关系形成机理

信息协同和信任关系交互影响
基准分析
内生性问题
双边分析
交互效应

假说提出

模型建立

国内物流供应链影响

国际物流供应链影响

模型推导
基准分析
交互效应

基于区块链技术的物流供应链企业间信任关系重塑机理分析

传统物流供应链企业间信任关系困境

区块链技术促进物流供应链企业间信任关系分析

基于区块链技术的物流供应链企业间信任关系重塑数理模型

信息协同数理模型
信任关系数理模型
信息协同和信任关系数理模型

基于区块链技术的农产品供应链机器信任平台设计

基于区块链技术的农产品供应链机器信任平台架构设计

信任平台拓扑结构

主体身份证书生成方法

信息构成和传播方法

共识认证方法

数据存储及访问方法

基于区块链技术的农产品供应链机器信任平台系统演示

提出提升物流供应链企业信任关系的策略

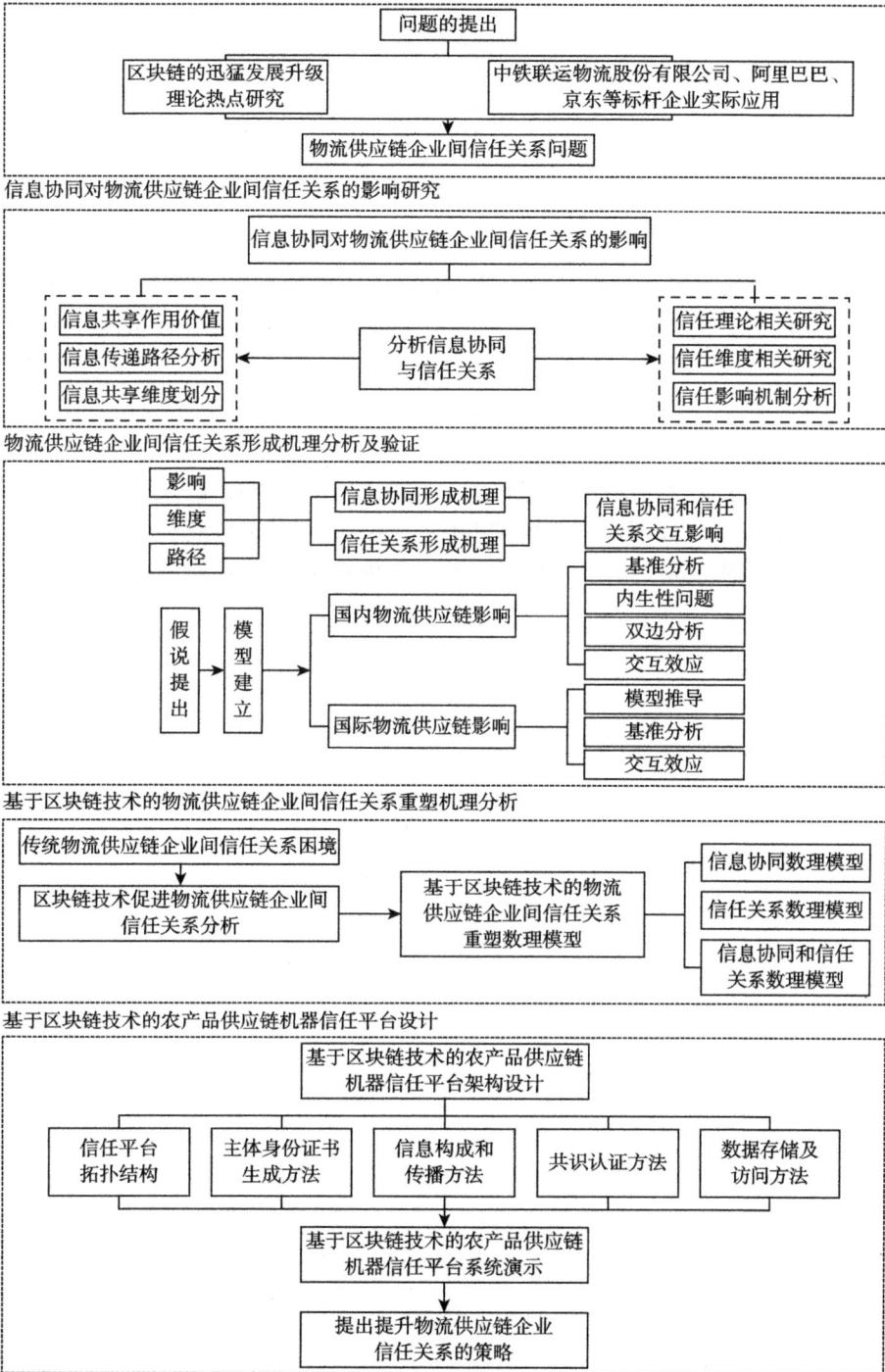

图 1-1　逻辑框架图

4. 工具变量的方法

由于计量模型中的关键变量可能与扰动项相关，进而带来内生性问题，可能会产生遗漏变量偏差或者反向因果关系，为解决这一问题，本书通过工具变量进行更具针对性的解决，选择两阶段最小二乘法做出精准的估计。

5. 引力模型的方法

在研究信任关系和信息协同对全球价值链参与的影响时，本书采取国际贸易领域普遍使用的引力模型，并且充分考虑到由于多边阻力项的存在而可能产生的内生性问题。

6. 数理模型的方法

为研究区块链技术引进对信息传递、信任构建的影响，以及其对产业链协同的影响，本书构建了数理模型，模型的供应链中有一个销售商和一个供应商，消费者的需求为随机变量，信息的传递具有"牛鞭效应"，企业间的合作面临道德风险问题。

第 2 章 理论基础与文献综述

本章对物流供应链企业间信任关系、区块链技术领域及基于区块链技术的物流供应链企业间信任关系相关研究的重要文献进行梳理和总结，并对现有研究加以评价。一方面为接下来的分析奠定理论基础，另一方面对现有研究的不足进行简要总结，阐释本书研究问题的必要性，作为接下来研究的起点。

2.1 物流供应链企业间信任关系的理论基础

1. 资源基础理论

各个企业都拥有独一无二、不可流通的资源，这些资源将成为企业独有的竞争力，这是资源基础理论的根本思想。资源基础理论是由 Wernerfelt 首次提出的，后来国内外专家学者的研究逐渐充实了这一理论，该理论的主要思想如下。

（1）特殊的异质资源是企业核心竞争力的先决条件。每个企业都拥有只属于自己的异质资源。企业制定经营决策就是合理配置企业拥有的各项资源，且因为企业决策的动态性、复杂性和影响面广，决策一旦实施就不可还原。企业先前的资源储备会影响、限制企业的决策，降低企业的竞争能力[2]。

（2）资源的不可复制性保证企业竞争优势的持续性。企业配置资源的能力是在企业长期发展过程中逐渐积累、发展起来的，企业日常活动的高复杂性、资源的路径依赖性和模仿成本的不确定性决定了不同企业的能力具有不可模仿性[3]。

（3）特殊异质资源的获取与管理。为了培养企业独特的资源优势，企业可以选择采取加强内部学习和搭建外部学习网络的方式。企业员工在工作过程中需要不断地学习，加强自身知识的储备，特别是特定岗位的员工，才能更有效地完成工作任务，因此企业在经营过程中加强员工学习，有利于增强自身的竞争优势。对于劣势企业，通过建立战略联盟来共同学习优势企业的知识是事半功倍的，一起学习还能促进员工能力和创造力的提升[2]。

与交易成本理论不同的是，资源基础理论追求的是通过充分利用和发展自身特殊异质资源的途径来实现价值最大化，不追求成本最小化。任何企业都不可能拥有所有的资源，但企业可以通过建立伙伴关系的方式，学习其他企业的优势资源。信任程度会影响供应链伙伴关系的建立，特许经营等简单的合作关系无法使交易双方互相信任，因为这种合作关系充满了不公平性。技术合作等更深层次的合作关系可以使得交易双方获得高水平的信任，从而促进企业间形成战略联盟的合作关系，使双方利益最大化。

目前，国内外关于信息技术能力的有关研究中也多次出现过资源基础理论，学者普遍认为信息技术能力可以作为企业的特殊异质资源。企业的核心能力，尤其是技术能力，保证企业可以持续地获得竞争优势。Mata 和 Barney 的研究表明，企业信息技术竞争优势的来源是信息技术管理能力[4]。Bharadwaj 的研究从资源基础理论出发，通过理论和实践分析表明企业卓越的信息技术能力会提升企业绩效[5]。然而，一些学者认为信息技术不同于信息技术能力，信息技术不能作为企业的特殊异质资源，其不符合资源基础理论中对特殊异质资源的界定。Clemons 和 Row 的研究表明，企业的信息技术不具备不可复制的特性，是可以被其他企业模仿的，因此企业的信息技术并不能作为企业的竞争优势[6]。Powell 和 Dent-Micallef 认为如果想要扩展信息技术的价值，就必须把信息技术融合到组织中[7]。

从以上分析可以看出，资源基础理论更加关注企业资源的性质。信息技术能力是一种隐形的企业资源，通过信息技术获取的信息资源是企业制定决策时的重要参考依据；各个企业都拥有自己独特的信息技术能力并且不易被其他企业模仿；供应链企业间可以通过建立合作伙伴关系或者战略联盟的方式利用信息技术获取所需的信息资源，同时向优势企业学习以提升自己的信息技术能力，企业的信息技术能力也决定了其竞争优势。本书将重点从资源基础观的角度分析信息技术能力的异质性，探讨信息技术能力对信息共享及供应链企业间信任关系的价值。

2. 交易成本理论

企业需要合理配置资源以降低交易成本是交易成本理论的根本思想[8]。交易成本理论是由 Coase 首次提出的。交易成本就是在市场交易过程中，人们为了达成合作的目标而自愿支付的信息成本等。

Williamson 的研究阐明了交易成本的来源，并把交易成本从人性和交易环境两个角度进行划分[9]。交易成本产生原因的具体分析如下。

1）有限理性

在古典经济学中假设人都是完全理性的，然而由于自身认知能力、情绪等限制，人们的理性往往是有限的。

2）机会主义

交易双方为了追求自身利益最大化而采取欺骗等投机取巧的方式，增加了彼此的不信任，导致市场交易费用增加。

3）不确定性与复杂性

市场环境的信息不对称和不可预期性都会增加交易的不确定性，使得签订合同时的议价成本增加，交易过程更加困难。

4）少数交易

在交易过程中，有各种原因致使某些信息与资源无法被企业获取，这将造成交易市场上交易对象减少的现象。在这种现象下，市场会慢慢地被少数人掌控，形成寡头垄断市场，交易成本会大幅提高。

5）信息不对称

交易双方往往掌握着不同程度和不同种类的信息，显然拥有较多有利信息的一方将会抢占市场先机。但是在自身机会主义的影响下，交易双方往往选择自己拥有信息而不选择共享信息，再加上市场环境的不确定性与复杂性，更大程度上造成了市场信息的不对称性。

6）气氛

气氛是指交易双方的交易关系氛围，如果交易一方不满意现有的氛围，会产生交易双方互不信任的结果，这将导致交易过程困难加大，交易成本上升，不利于彼此的合作。

交易成本产生的原因最终可以归结于交易的三个特征，各个特征的内涵如下。

（1）资产专用性。专用资产是为了某一特定交易而进行的不具备市场流通性的投资，如果契约被破坏或终止，专用资产会难以回收利用，而且不能转换专用资产的使用用途。因此，当一方的专用资产投入大于另一方时，一方在合作过程中占据话语权，另一方对其有很强的依赖性，双方的合作过程中存在不公平性，合作关系破裂的风险也更高。

（2）交易不确定性。信息不对称、交易市场不确定性、利己主义等因素都会为交易过程带来难以预测和不可控的各种风险，如汇率、知识产权等，企业通常会采取一些措施来防范风险的发生，但是也会增加相应的交易费用。

（3）交易频率。交易频率与交易费用呈线性相关性。随着交易次数增加，交易双方的信息收集费用、签约费用也会增加。

供应链管理的目的是提高供应链企业间彼此的信任，促使企业间建立深层次的战略合作伙伴关系，实现"四流合一"的高质量、全方位发展，从而降低企业间的交易成本。基于交易成本理论的主体思想，我们可以做出如下分析：首先，信息对称可以降低交易过程中的不确定性和复杂性，从而降低企业间的交易成本。企业可以通过有效的沟通和先进的信息技术快速、及时地了解供应商和客户的需求信息，包括数量、变化、偏好等，并通过这些信息进行产量的调整。同时，企业会及时将产量变动信息传达给供应商和客户，帮助供应商高效率、高质量地配送原材料，客户也可以根据这些信息合理安排自己的订单。信息对称同时也让交易双方降低了信息收集的费用，进而降低了交易成本。其次，信任关系可以降低交易频率，从而降低成本。交易双方经过多次合作后，良好的合作结果加强了彼此间的信任，使交易双方趋向建立长期稳定的合作或者战略联盟，使得交易活动由企业间交易变成内部化交易，减少了企业间交易的频率，进而可以有效降低交易费用。

从以上分析可以看出，加强供应链企业间信息交流和信任关系对降低交易的不确定性和交易频率均起了非常关键的作用，进而降低了彼此的交易成本。本书将以交易成本理论为基础研究沟通、信息共享与供应链企业间信任的关系。

3. 物流供应链协同管理理论相关研究

协同学最早由德国学者 Haken 提出，最早应用于物理学领域，是以信息理论及综合控制理论等为基础，通过平衡相变理论中的序参量对突变理论加以研究，处理并解决平衡相变问题而形成的全新理论方法。协同系统是在外部因素和内部子系统相对作用的共同影响之下，采取自组织的形式形成的有序时空系统。协同学以协同系统为对象，研究协同系统的结构、特征和发展趋势，属于一种新兴综合性学科[10, 11]。

1965 年，管理学领域开始出现"协同"的概念，最早刊登在伊戈尔·安索夫的《公司战略》中，他首次从经济学层面出发对协同的含义进行了诠释，提出了协同是一个非常重要的过程，可以促使整体超过部分之和，另外还提出了企业通过进入市场的两个不同阶段对协同效应加以区分，帮助其构建战略模型，构成战略模型的因素包括市场占有率、战略远景、核心竞争力及战略协同[12]。Gartner Group 公司于 1999 年在企业运营管理领域提出了协同商务，并对企业协同的两种范畴加以区分：第一种是企业内部各部门根据其分工和协作所产生的战略目标和业务范畴之间的协同；第二种是企业与外部环境和其他企业之间产生贸易往来和战略联盟所进行的协同，包括物资采购、客户关系、需求管理等。

协同管理理论从自然科学领域引入社会科学领域，并逐渐发展，由孤立的协同向整体的协同发展，由静态资源的协同向运动和发展的协同演变，由企业内部各部门之间的协同向企业与外部市场的协同演变，进而发展出供应链协同的协同管理理论。

1) 供应链协同管理国外研究现状

20 世纪 90 年代，Anderson 和 Lee[13]提出了供应链协同的概念，并提出供应链体系的各个成员企业通过加强体系内的协同性，就可以使供应链具备更强的竞争力，进而产生协同效应，从而实现供应链的共同目标[14]，即供应链协同。在大多数情况下，供应链管理的核心思想就是供应链协同思想，管理与供应链关系成功的原则是信任[15]。供应链协同仅仅意味着两个或多个独立的企业联合规划和执行供应链运作比单独行动更为成功[16]。学者将供应链划分为采购阶段、生产阶段和销售阶段，而协同性不仅是指这三大阶段作为整体的协同，也包括其各自的协同。供应链协同有助于提高企业的生产效率，降低企业的运营成本，最终提升企业的市场竞争力[17~19]。

Stevens 提出基于供应链的协同网络，并把供应链的全部企业纳入该网络，这也为优化及建立新的供应链模式提供了重要支持[20]。Akintoye 等通过分析英国建筑行业内供应链体系的协同性，指出供应链在协同性方面存在的问题，以及每个成员企业为了提升体系的整体协同性而要解决的障碍，认为承包商确定改进的生产计划和采购是供应链管理在施工中应用的关键目标[21]。Li 等研究了供应链管理中的"牛鞭效应"，证明集中的需求信息可以减少但不能完全消除"牛鞭效应"[22]。Akkermans 等提出了高科技电子供应链的协同理论模型，认为使供应链协同的关键要素应包括各节点企业的共同努力、相互信任及信息的透明度三点[23]。Marsillac 和 Roh 研究了产品设计在供应链管理中的作用，认为企业如果想要提升供应链体系的协同性，就需要引入先进理念、高新技术，并对工作流程进行全面改进[24]。Venselaar 等认为，供应链上的企业间关系会影响供应链协同的运作效率及质量，因此为了提升整个供应链的市场竞争力，企业应该和与自己有密切关系的重点合作企业建立长期的、良好的合作关系[25]。Eriksson 发现供应链协同管理其实是一个完整的不可分割的系统，其内部是由众多相互关联的元素组成的[26]。Raweewan 和 Ferrell 使用博弈论并结合信息共享和竞争环境对协同问题展开研究，并从不同角度建立了收益矩阵，以此设计协同机制[27]。Shaban 等基于供应链设计了一套高效的协同模型，该模型以多级供应链为核心，当企业把订单信息提交给上游企业时，就可以加强上下游企业的协同性[28]。

针对协同机制，很多研究者进行了系统分析，学者 Zimmer 具体研究了生产企业与供应企业的供应关系，然后设计了奖励协同与惩罚协同两种机制[29]。Sarah 等分析提出，协同激励与信息共享可以作为评价绩效的关键指标，同时还设计了协同动力模型[30]。对于供应链体系的协同性，很多研究者都对其影响因素展开分析，剖析供应链各个环节的工作机制，找出可能影响其彼此协同性的因素，经过分析后提出，信息共享、信任、态度等因素都能够影响协同性[31~34]。

2）供应链协同管理国内研究现状

随着 20 世纪 90 年代国外学者对供应链协同管理研究热潮的兴起，国内学者也迅速开展了相关研究，而且成果颇丰。仲昇认为，供应链协同主要存在于供应链核心环节的企业，以及影响供应链整体价值的企业[35]。当这些企业相互合作或订立协议，就可以构建协同网络，具有多维网络化、智能化、敏捷化特征[36]。对这种联合体内各成员的合作情况进行管理就是供应链协同管理。现代供应链管理的主要目标是优化相关过程，提高运转效率，提高经济社会效益，缩短供应链长度，减少等待和库存，从而减少成本，加快速度，实现价值增值。赵先德和谢金星在对供应链总体目标加以明确之后，进行具体的划分，从而形成各阶段所需要完成的子目标[37]。具体而言，国内学者主要从三个角度进行分析，即对策略层、战略层及技术层的协同管理展开研究[38, 39]。

（1）关于战略层协同的研究。战略层协同主要指的是供应链内各个企业在战略层面建立协同机制，为技术层与策略层的协同指明了发展方向，学者重点研究的是协同机制与影响因素。对协同产生影响的因素有企业间关系的重要程度[40]，当企业间关系非常好且彼此非常信任时，这些企业便可以更好地实现协同发展[41]。因此，可以从信息和财务[42]或者成本、信息、效益[43]等方面着手构建供应链协同机制管理模型，并将其应用于某一个具体产业，如汽车制造业、零售业、服装业等[44~47]。建立良好的协同机制及相对完整的规章制度，可以使企业加强合作、协同发展，从而有效提升供应链企业间的关系[48]。

（2）关于策略层协同的研究。策略层协同是协同管理方面最重要的问题。李玲鞠将供应链协同划分为组织、管理、财务、信息、业务协同等方面，其中信息协同起到了关键作用[49]。蔡淑琴和梁静研究提出，在协同研究中，供应链协同仅仅是分支课题，它应包括管理、技术和人机的研究三个方面[50]。朱庆华认为可持续供应链协同管理是供应链中对经济、环境和社会影响因素识别的关键[51]。

（3）关于技术层协同的研究。只有在技术层构建协同机制，才可以顺利达成策略层与战略层的协同，因此，技术层协同可以支持后两者协同。在这方面，重点研究的问题包括统一标准、平台构建、智能处理等。赵晓敏通过构建多智能代理系统框架，使供应链运行过程中各个节点企业之间的一致性、协调性问题得到了解决，从而极大地提升了供应链的运行效率[52]。马卫民等利用鲁棒优化方法，建立了RSFCC（retailer-supplier flexible commitments contracts counterpart，零售商-供应商柔性承诺合同副本）随机模型，分析了在非完全竞争市场下的供应链协同问题，认为供应链协同的根本目的是通过各参与主体之间的协作来实现利益最大化[53]。曲优等通过全面分析产品动态特性与消费倾向，进而建立动态协同模型，结合 CVaR（conditional value at risk，条件风险价值）测量法，分析协同网络的各类风险，构建基于成本的双向分摊模式[54]。

4. 供应链协同管理的信息协同相关研究

信息不对称是影响供应链协同的重要因素。在经济学领域，Greenwald 等首先研究了信息不对称问题，认为在市场经济环境下，作为经营主体的企业掌握信息的能力存在差异，掌握较多信息的企业相对于掌握较少信息的企业处于信息优势地位，从而获得超额利益[55]。

完全竞争和完全信息是西方经济学的基本假设，作为理性决策的个体必须面对同等的信息才能够实现帕累托最优。但在信息不对称的前提下，掌握较多信息的企业获得超额收益，掌握较少信息的企业受损，即使在完全竞争条件下，也难以达到帕累托最优。信息不对称可能带来两类问题：一是逆向选择问题，也就是由于信息不对称，买方只能够根据期望进行决策，该期望通常为市场的平均水平，高于这一水平的高质量企业会选择退出，产生"劣币驱逐良币"的现象；二是道德风险问题，也就是故意隐藏信息或提供虚假信息，以获得额外收益。

在供应链协同领域，信息协同失灵引发了不少问题，其中"牛鞭效应"最为常见。学者 Lee 等通过构建数学模型，分析了信息共享对供应链的影响，企业传递信息的唯一媒介是产品订单，那么必然会产生需求的放大化，并且在供应链中层层放大[56]。Lee 等还给出了会导致"牛鞭效应"发生的四个因素（第一，预测市场需求；第二，短期博弈与配给；第三，价格波动；第四，批量订单），接着，他们分析了能够使"牛鞭效应"削弱的因素，即共享库存数据与销售数据[57]。研究者 Chen 等构建了一个由制造商和零售商构成的两级模型，并将前置时间与需求预测融入模型中分析"牛鞭效应"，结果表明，共享用户需求方面的信息可以有效削弱"牛鞭效应"的负面影响[58]。尤建和朱峰基于需求预测对"牛鞭效应"影响的原因，寻找削弱"牛鞭效应"的方法和措施，由于"牛鞭效应"会带来巨大的浪费和供应链的低效运转，通过信息共享等方式削弱"牛鞭效应"也就创造了新的价值，学者以此为视角分析信息共享的价值，包括需求信息、销售信息、库存信息、物流信息等多个领域[59]。

Lee 等建立了二级供应链的数理模型，证明在需求信息不确定的前提下，在供应链中共享关于市场需求的信息可以削弱整个供应链中的"牛鞭效应"，但是原本就掌握该信息的零售商无法在这一信息共享中获益，因此没有充分动机共享信息[60]。Thonemann 认为对高级需求信息的共享可以提升整个供应链的绩效，并阐述了对高级需求信息的共享在什么条件下可以减少成本[61]。Raghunathan 认为，如果零售商的需求信息具有相关性，这种相关性程度越高，则制造商的剩余越大，零售商的剩余越小，但是相关性对制造商剩余的影响是边际递减的[62]。侯世旺和马锡琪建立了一个二级供应链模型并进行仿真分析，发现影响供应链信息的共享因素包括需求相关系数、需求的波动程度、库存成本、供货的提前期、缺货损失费用，对于这些因素，需求的波动程度与需求相关系数的影响最为明显，需求相关系数对库存成本的节省可以达到 60%[63]。

Gavirneni 等研究了两级供应链模型中的库存问题，共分为无信息共享、部分信息共享、完全信息共享三种情境，研究结果证明，信息共享是实现供应链整体收益最大化的必要条件[64]。Cachon 和 Fisher 通过两级供应链模型对传统供应链和信息共享的供应链进行对比分析，数值模拟的结果证明，完全共享信息平均而言可以降低供应链中库存成本的 2.2%，在最佳条件下，可以降低 12.1%[65]。Yu 等采取两阶段分散的供应链模型，分析了不同信息共享方式对供应链的影响，发现供应链信息共享程度越高，供应链的帕累托改进效率越高，尤其体现在对库存量的降低和成本的节约上[66]。Huang 和 Gangopadhyay 采取四阶段的供应链模型分析了不同信息共享条件的影响，同样分为无信息共享、部分信息共享、完全信息共享三种情境，研究结果证明，信息共享有助于降低库存数量和补货量，从而对分销商和批发商有利，也有助于降低制造商的补货量，但对零售商的影响有限[67]。

以往的研究强调信息的精确性所带来的信息价值，Raju 则认为企业特征和行业运行性质也会对信息价值产生影响，并通过博弈论阐述企业特征和行业特征如何削弱信息不对称对企业利润的负面影响。研究结果表明，产品可替代性越高，行业竞争越激烈，则信息共享价值越大[68]。Gavirneni 研究了上游企业和下游企业分享订单信息的作用，并提出应该对供应链的管理方式加以改进，以提高信息利用效率，发挥信息共享的最大功效，还通过数值模拟，证明如果在对库存信息进行共享的同时对订货策略进行调整，则库存成本可以额外降低 10%[69]。Sahin 和 Robinson 通过对生产商和供应商关系的研究，研究了信息共享和物流协同的影响，并采取数学仿真模型来模拟信息共享的价值和系统协调的价值，结果表明，完全信息共享有助于降低成本的 476%[70]。Samaddar 等建立了供应链网络和信息共享的理论框架，从信息共享和共享组织的两个类型出发，采取两个维度区分了四种信息共享模型[71]。

5. 供应链协同管理的信任关系相关研究

最先对信任关系进行研究的是心理学。Deutsch 研究了信任关系在"囚徒困境"中的影响，将信任定义为对情境的反应，情境的促进决定了人的心理行为和行动，双方的信任关系也会随着情境的改变而改变[72]。随后，信任关系在社会科学、经济学、管理学等多个领域被加以推广。在管理学中，Rotter 将信任定义为个体或组织在相互关系的基础上形成的期望和预期，该期望或预期要求对方按照约定好的契约进行行动[73]。Mayer 和 Schoorman 的定义得到广泛认同，并提出信任的产生是基于主体建立的一种期望，而客体的能力、善意等都是可以对信任关系产生影响的重要因素[74]。

在供应链管理中，信任关系处于核心和关键的位置。要达到促进供应链内企业相互合作、高效协同，从而实现整体利益最大化，最关键的是加强供应链企业的合作，其前提和基础就是信任。

刘永胜从两个维度理解供应链企业的信任关系：第一，信任关系是企业在未来不确定的前提下对彼此的信赖关系；第二，信任关系本质上意味着企业是有限理性而非完全理性，因此供应链存在较大风险[75]。马胡杰等将信任理解为，在存在风险和相互依赖关系时，存在依赖关系的一方确信对方有履行承诺的能力，并且有履行承诺的意愿[76]。

国内外学者通过各种方法研究了信任关系对供应链整合的意义。Stuart 和 Taskin 采用美国和日本的数据，对 346 家汽车制造商的调查研究表明，销售商的信任程度越高，供应商越有激励进行专用性投资，供应链的信息分享水平越高，同时企业绩效也越高[77]。Zhang 和 Huo 研究了信任关系对供应链协同和企业绩效的关系，发现信任关系显著提高了供应链的整合水平，企业的依赖关系对绩效没有直接影响，但可以通过对信任关系的影响对企业绩效产生间接的促进作用[78]。许淑君和马士华通过案例分析的方式阐述了信任关系在企业合作方面的重要意义[79]。王丽杰和冯岩岩认为影响企业信任程度的因素有信息共享水平、合作经历、企业的声誉、文化差异[80]。廖诺等的研究表明，供应链中企业的信息起到了信息分享的中介作用，对企业运营产生积极的促进作用[81]。

6. 供应链协同管理的信息协同和信任关系研究

信任不是凭空产生的，信任的产生有赖于企业间的交往，其中，企业间信息共享是重要的途径之一。Daniel 和 Jan 将信息共享细分为信息技术水平和信息交流水平，信息技术主要以信息层面的手段处理各类事务，信息交流水平是衡量供应链中各企业信息共享数量和质量的指标[82]。张群洪等认为信息技术的应用能够增进供应链上各企业的信任关系，信息技术增加不同企业的交流机会，对信息共享的发展极为有利[83]；曾敏刚等也论证了信息技术能力能够促进供应商信任关系和客户信任关系[84]；Kwon 和 Suh 认为分享关键信息传达了信任的信号[85]；Saunders 通过案例分析发现零售商和供应商信息共享是构建彼此信任关系的有效方式[86]。

信任关系是影响企业间信息共享的重要因素，企业以营利为目的，共享信息也是为了企业间更好地合作，同时分享机密信息也面临着信息泄露的风险，因此企业间信息共享受到企业间信任关系的显著影响。大多数学者认为信任关系对信息共享有正向作用，朱庆英等将信任细分为善意信任与能力信任，经过分析了解到，二者都能够正向影响信息共享[87]，叶飞等先后在两篇文章中分析了能力信任与情感信任对信息共享的影响机制，经过分析得出，情感信任可以正向影响信息共享，能力信任则无法产生明显影响[88, 89]。

除了单独对信任关系和信息共享关系的研究之外，信任关系和信息共享的关系还体现在一些包含信任关系的因素，叶飞和徐学军研究发现，用信任和承诺度量的供应链伙伴关系对信息共享有正向作用[90]；冯华等以社会控制作为中介因素，研究了信息共享和供应链能力的相互关系，认为社会控制是建立在信任关系基础上的非正式治理机制，也可以理解为信任关系的一种[91]。

对于信息共享和信任关系的交互作用对供应链的影响，乔琳和丁莹莹认为信息共享需要与企业间信任机制共同作用才能对企业间合作绩效产生正向作用[92]。曾敏刚等提出供应商信任关系中介了信息技术能力和供应商整合关系，客户信任关系部分中介了信息技术能力和客户整合关系[84]。

2.2　物流供应链企业间信任关系的相关研究

2.2.1　物流供应链企业间信任关系的概念及维度划分

国内外很多专家学者都曾对供应链企业间信任关系的概念做过界定，由于分析角度不同，到目前尚无统一定义。Anderson 和 Narus 认为供应链企业间信任关系是一种供应商或客户基于对企业的信任而选择接受短期混乱的意愿[93]。刘永胜表明供应链企业间信任关系要求供应链上各个企业要以有限理性的态度对待供应链本身的风险和对其他企业的依赖性[75]。马胡杰等将供应链企业间信任关系定义为，当供应链上的其他企业出现困难时，企业基于信任的基础，认为企业有能力解决问题并愿意一起面对风险、履行承诺[76]。

对于信任关系维度的划分，国内外学者进行了深入探讨。Lau 和 Lee 将供应链企业间信任关系划分为两个层面，即个人信任关系和制度信任关系[94]。Ganesan 认为可靠度与善意信任可以作为供应链企业间信任关系的两个维度[95]。Barney 和 Hansen 根据信任强度的不同将信任划分为强、半强及弱三种类型[96]。Lewicki 和 Bunker 根据建立信任关系的出发点不同将信任关系重新划分为谋算型、认同型、了解型[97]。Sako 和 Helper 认为合同信任关系、善意信任关系和能力信任关系可以完全代表供应链企业间信任关系[98]。刘永胜从信任关系的不同层次出发，将供应链企业间信任关系分为行为信任关系、情感信任关系和认知信任关系[75]。杨静在参考 Lewicki 和 Bunker[97]研究结果的基础上，将信任关系划分成计算型信任关系和关系型信任关系，这种划分方式更加符合中国国情[99]。张海燕根据信任关系形成的原因，把供应链企业间信任关系划分为三个层面，分别是制度型、过程型和特征型[100]。马胡杰等依据供应链企业间信任关系产生群体的不同，将信任关系分为两个维度，其中企业与企业之间的信任被称为企业间信任关系，企业员工与员工之间的信任关系被称为人际信任关系[76]。曾敏刚等根据企业所扮演角色的不同对供应链企业间信任关系进行了划分，将企业与供应商之间的信任关系称为供应商信任关系，将企业与客户之间的信任关系称为客户信任关系[84]。

2.2.2 物流供应链企业间信任关系相关要素概念及维度划分

1. 沟通的概念及维度划分

沟通的种类很多，如企业与企业间的沟通、企业与政府间的沟通、企业内部沟通等。企业与企业间的沟通一是彼此学习对方的优势，二是针对合作中出现的问题进行交流；企业与政府间的沟通主要是掌握最新的政策制度，以求更好地服务社会；企业内部沟通可以加强团队合作和跨部门学习。不论是企业外部还是企业内部，沟通变得越来越重要。曾文杰认为沟通行为包括信息传递与信息接收两个部分，沟通主体包括人和群体两个方面，沟通的目的是思想和感情的相互交流，沟通的内涵主要包括沟通的质量、形式及范围三个方面[101]。

对于沟通维度的划分，Sullivan 基于动机理论将沟通行为划分为任务相关型沟通行为、目标相关型沟通行为和社会相关型沟通行为，并分析了不同沟通行为对企业员工的影响：任务相关型沟通行为可以降低员工工作任务的不确定性；目标相关型沟通行为可以激励员工针对自己的工作内容建立自己的职业规划；社会相关型沟通行为可以帮助员工建立良好的人际关系[102]。曾伏娥等在参考 Sullivan[102]研究结果的基础上，将沟通对象扩展到群体，并重新对沟通的各个维度进行了说明[103]。任务相关型沟通是指为了某个任务而进行的信息交换，如某项工作的具体流程；目标相关型沟通是指企业间开展合作计划时为了进一步明确彼此的目标和工作内容而产生的信息交换；社交型沟通是指个人进行的与工作无关的信息交流，如询问彼此的兴趣爱好、参与社交活动等。

2. 信息技术能力的概念及维度划分

一个企业的成功并不是信息技术带来的成功，而是取决于企业信息技术能力水平。提到信息技术能力的概念，最先想到的就是 Ross 等，他们认为信息技术能力是企业通过控制、实施和管理信息技术来实现企业发展目标能力的[104]。Bharadwaj从基础资源理论出发，将信息技术能力的概念定义为企业配置整合信息技术资源和其他相近类型资源的一种能力[5]。Birm 等也从相同角度提出信息技术能力是企业利用自身信息技术资源满足企业所有有关信息技术需求的能力[105]。

对于信息技术能力维度的划分，国内外的专家学者持有不同的观点。Bharadwaj 将信息技术能力进行了精细划分：企业的信息技术基础设施、信息技术人员技能及利用信息技术获取无形利益的能力[5]。董超等将信息技术能力划分为四个维度：信息技术基础投资指的是投资本企业的信息技术基础设施；专有技术指的是创造本企业的特殊信息技术技能；信息技术技能指的是搭建本企业的信息技术平台或应用的技能；信息技术管理技能指的是本企业利用信息技术提高业务能力的技能[106]。殷国鹏和陈禹关于信息技术能力的划分是认可度比较高的，他们认为信息技术基础设施是企业信息技术能力体现的基础保障，也是企业投资产生的有形资产；信息技术管理能力是企业信息技术能力体现的人力资源保障；信息技术与业务的能力是信息技术能力中最不可模仿的关键能力，可以保证信息技术部门有效应对各种信息技术业务需求的能力[107]。Otto 和 Fuchs 认为信息技术能力的表现形式分为两种，一是信息技术在本企业的渗透程度，二是引入信息技术对企业绩效的影响程度，他们还通过实证的方式证明了信息技术能力在供应链计划中的重要地位[108]。陈猛等基于动态能力理论将信息技术能力分为整合能力和重置能力，整合能力指的是整合企业间信息技术资源的能力，如企业间的应用或信息系统；重置能力指的是对未来信息技术资源进行开发拓展的能力[109]。

3. 信息共享的概念及维度划分

信息是一种隐形的知识和资源，并且信息具有可加工、可共享的特点，是对各种事物特征反映的一种表现形式。学者对于信息概念的定义有自己独特的看法。张晴将信息定义为一种知识，认为收集到的消息资料等经过加工后可以帮助人们制定决策、学习新知识等[110]。霍明奎从不同角度对信息的定义做出了解释，认为信息是一种可以借助工具和技术实现信息传递、信息交流、信息共享的具有很强伸缩性的资源[111]。对于信息共享的认识，首先要明确在供应链管理中信息共享的重要作用。例如，合作企业间共享信息会降低需求不确定性，避免信息不对称带来的巨大损失。Ellram 和 Hendrick 指出供应链企业间可以信息共享的信息主要包括产品信息、技术信息和销售信息等[112]。叶飞和徐学军将供应链企业间信息共享定义为不同企业在合作过程中为了减轻"牛鞭效应"的影响而进行的信息交流与传递活动[90]。

供应链企业间信息共享维度的划分多种多样，而且没有统一标准。国内外学者对于信息共享维度的划分依据主要包含以下三种：一是从信息共享质量角度，可以通过是否及时、准确地共享信息判断企业间信息共享的质量。二是从信息共享内容角度，国内外学者对信息共享的内容做了大量研究，其中 Bensaou 认为企业的采购、物流和财务等六种信息可以实现共享[113]。S. Chen 和 R. Chen 将信息共享内容划分为成本、品质、运输、生产等六种共享信息[114]。Yang 和 Maxwell 在前人研究的基础上，认为战略信息、生产信息和订单信息等四种信息可以实现共享[115]。Handfield 和 Nichols 提出企业共享的信息为客户信息、库存信息和生产信息三种[116]。叶飞等将信息共享的维度划分为财务、作业和策略三类[89]。Iannacci 等认为共享的信息包括销售信息、运作信息和策略信息等[117]。Gao 和 Lee 将供应链中可共享的信息分为需求预测信息、订单信息和工作信息等[118]。Ferguson 等认为信息共享的维度主要包括生产计划和库存管理两个方面[119]。三是从信息共享层级角度，李随成和杨功庆认为信息可以依据企业组织层级分为战略信息、管理信息和作业信息三个方面，同时对每个层级可共享的信息内容做出了详细的说明[120]。

2.3　区块链技术的相关研究

2.3.1　区块链技术概念的界定

中本聪是最早提出区块链技术的学者，并首次在比特币中应用以解决重复支付和拜占庭将军问题，之后区块链技术不断发展并被广泛应用于各个领域。2016年 1 月，英国政府发布的《分布式账本技术：超越区块链》报告中称："区块链是一种数据块，通过把记录信息保存到各个区块，并以密码学技术设计签名连接相邻区块，进而就构建了协作与共享机制。"按照《分布式账本技术：超越区块链》报告的观点，分布式账本技术与区块链技术并不等同，分布式账本中的数据具有连续性，且根据先后次序进行排序，然而并不会被存入区块内，记录需要经过校验和筛选才能进入账本。2016 年 10 月，工信部发布了关于区块链技术的白皮书，其中把区块链定义成一种基于信息技术的共享模式，具有可传递、分布式等特征。因此，利用该技术就能够构建信任关系，做到价值传输。2018 年，工信部提出，区块链的发展需要依靠各社会主体的支持，确保密码传输更加安全，进而实现安全访问，使信息记录更为准确与安全。这一年，我国政府再次定义了区块链，并从数据访问、数据传输等方面进行分析，明确了区块链的本质是一种记账技术。

学界对区块链的定义尚未统一，大多学者认同区块链是分布式账本技术，何蒲等[121]、王焯和汪川[122]阐释了区块的加密方法，进一步解释了区块避免重复支付的原理；张亮等从经济学角度和协议角度对区块链的定义进行了补充，说明了区块链在数据信任问题和促进合作效率方面的作用[123]；傅丽玉等从密码学的角度针对比特币白皮书和以太坊黄皮书中较模糊的概念进行了补充[124]；袁勇和王飞跃从内容和特征方面定义了狭义区块链，将区块结构、共识算法、数据生成更新、数据编程操作的数据过程联系在一起定义了广义区块链[125]。

总的来说，区块链的本质是一种分布式记账技术，它是对共识机制、加密算法等技术的全面应用，使数据的生成及更新更为高效与安全，利用加密算法就可以有效处理数据维护问题，智能合约可以解决数据操作问题，使数据呈现不可篡改、不可抵赖、价值可传递和可编程的特征，解决了拜占庭将军问题、重复支付问题等[126]。

2.3.2　区块链技术的发展历程

《布雷顿森林白皮书（2015）：比特币与区块链技术的希望》对区块链发展做出明确分析，并认为区块链技术会经历三个发展阶段，区块链技术的发展阶段也是区块链技术应用的不同发展阶段，之后学界普遍采用了这一说法[127]。

1. 区块链 1.0

2008 年中本聪提出基于区块链技术的比特币产品架构之后，区块链技术首先被运用于数字货币交易系统。2013 年，Mastercoin（万事达币，后更名为 Omni）对比特币功能进行了创新性拓展，数字加密货币开始产生，2013 年 11 月未来币（nextcoin），采用了权益证明（proof of stake，POS）机制，区别于最早比特币的工作量证明，之后 Invictus 推出了名为"比特股"的开源分布式交易系统。这些交易平台都应用了区块链技术，区块链记录了比特币交易信息，解决了货币交易的"双花"问题。在区块链 1.0 阶段，区块链技术尚不成熟，公众对于区块链技术也不甚了解，政府对比特币的监管尚且空白，比特币交易的安全问题缺乏保障。

2. 区块链 2.0

区块链 2.0 阶段的典型特征是引入了智能合约技术对区块链技术进行综合分析，使其应用范围更为广阔，并利用去中心化、不可篡改、不可抵赖等特征在更多领域应用，主要应用在经济金融领域。2014 年，以太坊引入智能合约技术，推动区块链技术迅速发展，并为数字资产构建了相应的交易平台。该技术能够实现交易信息的可追溯，保证记录信息的真实可信，因此能够在经济和金融领域构建真实可信的经济活动。

3. 区块链 3.0

在这个阶段，区块链技术应用场景极大拓展，可以广泛运用于人们生产和生活的各个层面，如产业、政府等各个主体，医疗、司法、工业、媒体、游戏等细分领域，区块链技术将深刻改变人们的生产和生活方式。

2.3.3　区块链技术应用的相关研究

1. 区块链技术在金融部门应用的相关研究

区块链最早是从比特币领域发展起来的，因此，最早应用区块链技术的是金融部门与加密货币。例如，P2P（peer-to-peer，点对点）加密货币交易体系的研发是为了支持比特币，使得比特币在没有任何政府控制的情况下实现了数十亿美元的匿名交易全球市场[128]。由于交易是在没有中间人或中介机构（如银行）的情况下进行的，每笔交易都会传播到比特币网络中的每个节点，并在验证后记录在公共账本中[129]，这就决定了区块链技术在金融领域的应用涉及国家政府和金融机构监管问题。区块链技术还被用于管理银行担保、跟踪金融交易、打击欺诈及使用智能合约，当网络共识满足条件时，智能合约就会变得活跃，允许进行自动支付，促使智能合约的使用频率增加[130]。区块链技术在金融行业的推广，减少了现金的交易需求，使得新的工作岗位替代了传统金融领域的工作岗位[131]，区块链技术具有重塑整个金融系统的潜力[132]。数字化和计算的发展使得金融机构具备重塑其内部运作并将其大部分产品和服务数字化的能力[133]，但是金融组织仍然落后于数字化，且大多是中心化的，缺乏交易信任。区块链技术可以建立借贷方对金融体系的信心，从而使得金融机构可以更有效地专注于它们的主要任务，如将资源从贷方转移到借方。如果把区块链技术引入证券交易与国际支付领域，就可以使国际交易更加自由化，提高交易和结算过程的效率并降低成本[134]。

另外一个应用区块链技术的领域是金融公司之间的复式记账，银行将拥有一个去中心的数据库，而不是拥有自己的资产记录，这将增加所有相关人员之间的同步[135]。因此，银行不需要在不同的数据库中分别监控其资产，而是将所有内容都记录在一个数据库中，区块链的共享数据库不会像内部分类账那样占用较多资金，信息是最新的，当资本不再被不必要地捆绑并且可以更有效地利用时，就会提高效率，降低系统风险和交易成本[136]。如前所述，智能合约可以应用于各种类型的合约，金融机构和客户之间的合同可以更新为相关人员之间的私人合同。例如，贷款协议可以放入区块链并在其中确认，当某些条件满足时，客户收到贷款，任何一方都不能违反合同中的约定。智能合约也可以应用于自动交易，资产可以从一个账户转移到另一个账户，并且可以自动支付息票和股息[137]。

2. 区块链技术在非金融部门应用的相关研究

区块链的变革性特征促使该技术的应用迅速扩展到非金融部门[138]，在医疗保健领域，当区块链与电子健康数据相关联时，可以确保电子健康数据库包含不可变的审计跟踪，且记录不会随意更改，具有时间戳，还能够将其保存于数据库，通过引入该技术，就可以利用其去中心化的特征，对医保系统进行全面改革，优化其授权机制，提升数据共享的高效性与安全性；当区块链应用于医疗大数据的安全管理和分析时，在隐私和安全的前提下，能够及时对患者进行远程监督与治疗[139]；区块链技术的互操作性，使得临床数据等医疗数据在软件应用和技术平台安全无缝地通信、交换数据，并允许跨卫生组织和应用供应商使用交换的数据，改变以往数据零散孤立的状况[139~143]。

在能源部门，当区块链技术运用于微电网时，将持续提高人工智能的效率和能力，区分故障，并能通过数字接口和物理电网基础设施在能源生产商和消费者之间互连并实现 P2P 交易，还可以发挥网络效应，实现共享投资和可再生能源的众筹，改变能源的生产和消费方式，推动能源转型[144, 145]；当区块链技术运用于可再生能源或碳排放证书的使用、自动发行和交易时，能够使可再生能源证书、碳信用或一般环境属性的市场结构集中化、简单化，能够降低小型能源生产商申请碳信用的交易成本，也能够自动发行绿色证书，提高发行效率，为该类资产创造一个全球市场，提高市场透明度，防止双重支出[146]。

在电子政务领域，区块链在身份认证和验证中的应用有可能从根本上改变身份信息的控制、认证和验证方式，以解决现有身份认证、验证和存储程序中固有的安全漏洞[147, 148]；区块链技术用于土地、运输、财产等记录并保存在平台时，能为政府提供可靠的管理系统和足够的安全性，并简化官僚程序，使审批速度更快，审批更加安全，减少偏见引起的审批不公正现象，保证所有个体都可以得到公正的服务[149]。

同时，Marr 指出了更多已经或可能受益于区块链的行业[150]。在慈善部门受审查的情况下，区块链可以让慈善捐赠更为透明，使科研成果与慈善捐赠的关系更为明确[151]。在财产方面，区块链可以跟踪复杂的法律程序，否则会在房地产转让中产生摩擦和费用。零售业使用区块链来增强跟踪和追溯流程，甚至是在没有中介的情况下交易商品和服务的分散市场[152]。在旅游业中，正在测试取消中介的实时汽车共享和乘车共享，并有效跟踪和交易酒店空房间的库存[153, 154]。在媒体和娱乐领域，区块链系统可以跟踪对艺术家的知识产权和付款，并允许为艺术家的作品创建所有权记录[155]。区块链技术的运用正在改变越来越多的行业。

2.4　基于区块链技术的物流供应链企业间信任关系相关研究

区块链技术能够显著改变供应链的运营与活动[156]。其实随着经济社会的快速发展，各项技术手段愈加成熟，如物联网等，都会影响供应链管理[157, 158]。在工业 4.0 背景下，越来越多的工业生产商投资于供应链物流 4.0 技术以增强和定制其产品，这将使大规模定制的水平达到新高度[159]。大数据是区块链技术在供应链发展的基础，大数据分析可以确保做出更好的决策[160]。供应链中包含的区块链技术能够准确记录所有交易信息，建立从生产至销售整个流程的交易记录，其去中心化特性能有效地在供应商之间共享有关产品的生产过程、交付、维护和磨损的信息，为复杂的装配线带来新的协作方式[161]。区块链的主要特征使其在供应链中的应用非常具有潜力[162]，未来全球供应链网络中将普遍应用该技术[163]。在供应链中，区块链技术通过定义和证明行动的时间和地点，使所有参与者都能知道谁在执行哪些行动。随着区块链技术飞速发展，供应链管理也随之进行了改革，开始重新设计管理结构，区块链技术的引入，极大地提升了管理的灵活性，拓展了管理范围，让生产、销售及运营的协同性更高，并对供应链发展结构的优化提供了新思路[164]。

在供应链体系中，企业主要考虑的是可靠性、质量、成本等方面[165, 166]，应用区块链技术可以显著提升可靠性，并降低成本、提升质量[167, 168]。而且，引入该技术，还能够使供应链发展更为透明与高效，加快货物的物理流动，并对从存储到交付和支付的所有流程产生积极影响[169]，该技术具有创造新物流服务和新商业模式的潜力[170]。食品供应链涉及不同的利益体，而且一般会隐藏自身的发展数据，但利用区块链技术，就可以提升彼此信任度，使信息具备可追溯性[171]，对于食品流通、加工等各个环节，采集这些环节的信息，然后传输并共享到整个供应链，就可以使信息更加可靠，确保食品的安全性[172, 173]。供应链从业者认为区块链技术改变了供应链中交易的方式并带来革命性的方式转变，采用区块链技术后无须付出额外努力，该技术可帮助他们获得最大利益，以提高供应链效率[174]。区块链技术可以在供应链的认证和验证方面取得巨大进步，尽管在创建交易记录的每一步都需要传统的质量和审计流程，为有效的供应链发展奠定基础，但是引入区块链，还可以加快流程进度，使信息的记录更为可靠与完整。区块链因其具有不变性、透明性和安全性的特点，有可能彻底改变中小企业缺乏用于技术投资的资源，为中小企业的可持续发展提供了一个可行的选择[175, 176]。事实上，区块链技术加快了数据的传输，使得参与的企业能够实时获知相关信息，产品在运输过程中花费的时间更少，这为改进库存管理和减少相关成本和浪费提供了机会[177]。

刘信来选取贵州广济堂作为研究案例，针对药品的制造及物流环节，设计了一套追踪管理模式，引入区块链技术，以确保药品供应链环境的安全性与良好性[178]。付蓬勃等认为，供应链的协同管理重点在于彼此信任与数据协同，因此，区块链技术可以有效解决当前市场存在的需求响应慢、合作伙伴缺乏信任及协同效益低等问题[179]。闫树等认为，利用区块链的去中心化及不可篡改等特点，可以有效解决数据在流通过程中面临的一些关键问题，从而提高数据的流通性[180]。关越详细分析了对供应链协同产生影响的主要因素，并针对协调问题，提出了相应的改进策略[181]。孙凯认为利用区块链技术可以有效解决供应链管理中存在的假冒伪劣产品、信息不透明等问题，从而使整个供应链更加科学合理[182]。朱兴雄等研究了区块链技术在供应链金融中的作用，构建了各方可以共享的联盟平台来解决核心企业不愿提供信用背书的问题,简化了流程,提升了企业的经济和社会效益[183]。Tian 把射频识别(radio frequency identification,RFID)技术标签、区块链技术及可追溯供应链相结合,从而在加工、生产等各个环节,把 RFID 技术标签保存在区块链内,使供应链的可信度更高,具备可追溯性[172]。Quamara 和 Singh 将本体应用于区块链设计,以实现供应链的可追溯性,将货物的时间、地点、环境和特征信息存储在区块链中,并以清单的形式按时间顺序记录货物所有权[184]。Clark 和 Burstall 用时间戳[185]控制用户权限和访问数据,区块链具有可信度、安全性和不可触及性,允许更多数据被释放,即区块链可以促进大数据的生成[186]。此外,也有众多学者探索了区块链与大数据在传统产业优化、物流供应链等领域的应用模式;通过区块链技术加强数据隐私和安全,如边缘计算、大数据、人工智能和 5G(第五代移动通信技术)等新技术带来的机遇和挑战[187~189]。

在供应链中,物流服务对于企业交付客户价值往往是至关重要的[190]。在国际领域,区块链能够优化供应链的管理结构,预计在 2023 年,该技术可以追踪全球流动的两万亿美元规模的服务与产品,以及在 2030 年,该产业的规模将超过 3 万亿美元[191]。区块链技术降低了国际商品贸易中总成本、时间和风险的影响,具体来说使得每蒲式耳大豆(1 蒲式耳大豆=27.1 千克)的成本下降了 2.3 美分,总时间(包括交易时间和运输时间)减少了 41%,每蒲式耳大豆的风险价值减少了 2.6 美分[192]。基于区块链的海运供应链系统,将新兴的区块链技术应用于航运业,解决了海运供应链服务周期长、结构复杂、信息来源异构等问题,提高了运输效率,促进其转型升级[193]。在复杂的、跨组织的、跨越国际的生产及运输环节,对商品来源的精细评估通常是不可能的,而区块链技术和物联网为更好的供应链来源提供了希望[194, 195]。借助区块链技术,供应链物流和制造行业企业可以实施去中心化的货物和运输集装箱跟踪概念,同时提高供应链透明度的需求[196, 197]。在应用层面,物流是区块链发展潜力最大的一个领域,而且通过构建物联网,连接所有设备,就可以使用加密货币,使它们能够通过智能合约与其他方自主交互,以自行支付费用和关税[198]。区块链可以消除大量的资源浪费,帮助运输相关各方提高可持续性,减少或消除欺诈和错误,改进库存管理,最大限度地降低快递成本,减少文书工作、浪费和更快发现问题造成的延误,可使全球 GDP 增加近 5%,总贸易量增加 15%[199]。在物流行业中,参与者可以在区块链中查询交易数据,保证了整个平台的透明性。此外,系统中的数据受到加密算法和分布式数据存储的保护[200]。

目前,基于区块链技术的物流供应链企业间信任关系研究还处于初级阶段。祝锡永和李杰分别从物流、采购和库存三方面入手,构建了以区块链技术为依托的供应链信息协同优化总框架来解决传统供应链信息处理协同中存在的问题,详细阐述了供应链信息协同与区块链融合应用的优势,以及物流信息协同环节的优化过程[201]。余建海研究了基于区块链技术的冷链物流供应链的协同管理问题,发现冷链物流供应链受限于信息壁垒，因此企业应运用协同管理的理念，加强对供应链的依赖度，同时使用区块链技术来保障数据的真实性，最终通过管理理念和信息技术双管齐下的方式来打破冷链物流供应链中的信息壁垒[202]。汪传雷等从主体、交易机制和智能合约三个层面入手，研究了区块链与物理供应链信息管理技术的耦合，创建了以区块链为基础的供应链物流信息生态圈模型，对于生态环境的进一步完善、资源管理的进一步优化等都有重要意义[203]。Yang 等针对钢铁物流行业的服务交易系统高度集中、协同能力较差的问题，通过区块链中的数据层等创建以区块链技术为基础的钢铁物流体系结构；从功能、对象和属性三个不同维度来对物流管理信息资源的情况进行分析，对于钢铁企业具有非常重要的意义，交易系统中应用优化过的 PFBT（Practical Byzantine fault tolerance，实用拜占庭容错算法），测试了算法性能等内容，最终发现该算法对于算法吞吐量等诸多方面具有显著作用[204]。区块链技术具有显著优势，如高透明度与分散化等，可以实现钢铁物流供应链的有效改变，是一个非常重要的技术工具[205, 206]。Luo 将区块链的应用划分为物流运输应用、物流金融应用和物流平台应用，认为区块链技术能够促使运输效率明显提升，使得运输过程清晰明了，具有更高的透明度[207]。Wang 经过一系列研究后，提出以区块链为基础的交易平台与物流令牌系统，发挥了非常重要的作用[208]。物流令牌系统指的是通过代币能够换取到现金。包裹完成发送流程后，区块链系统按照智能合约对其进行判断，给出代币，无须面对面进行计费，节省了时间，提高了效率。Zhu 等对于区块链中的组合情况展开了研究，提出了可以有效整合信息流与物流等内容，从而达到"四流合一"的目的；物流信息与资金流、业务流等相匹配，可以更好地管理资金，实现企业平稳快速发展[209]。

2.5 现有研究评述

通过梳理现有文献，了解到如下内容：首先，学术界对区块链技术的概念、特点、应用前景等已经做了较为详细的研究，并形成了系统的理论框架；其次，关于物流供应链企业间信任关系的研究主要集中于物流供应链企业间信任关系传导的框架、模型、理论机制的研究，或者从战略协同、策略协同和技术协同三个层面展开研究；最后，学者研究了基于区块链技术的冷链、药品等供应链企业间信任关系问题，均肯定了区块链技术在物流供应链企业间增强信任关系的重要作用。

综合看来，尽管学者从不同角度、运用不同方法对区块链技术视角下的物流供应链企业间信任关系问题展开了研究，但仍处于初级阶段，且存在如下不足。

（1）区块链对于信息协同和信任关系的影响虽然都有所涉及，但缺乏系统性的梳理和总结，缺乏对于物流供应链企业中信息传递路径分析和信任关系增强路径分析、维度划分及影响因素分析，以及信息协同和信任关系的交互分析。

（2）物流供应链管理中的信息协同和信任关系的实证研究通常采取问卷调查方式，以及统计学中的结构模型分析，普遍存在样本量较小、选择偏差、内生性等问题，难以得到科学的因果推断和准确的效果评估。

（3）关于区块链技术下物流供应链企业间信任关系的研究缺乏相应的理论基础，尤其是数理模型的支撑，因而在模型构建和应用设计上缺乏理论支撑，缺乏将区块链技术应用在供应链企业间信息协同和信任关系中进行分析的研究。

（4）目前关于区块链的理论及应用研究仍主要集中于虚拟货币、金融等领域，并且大多停留在理论研究、经验研究，缺乏对物流供应链等实体行业的应用性研究，缺乏与行业对应的"区块链+物流供应链"协同管理平台系统，未能打通供应链企业间的信息协同和信任关系传导的通道。

2.6　本　章　小　结

本章对物流供应链企业间信任关系、区块链技术及基于区块链技术的物流供应链企业间信任关系等方面的相关研究进行了文献评述。一方面，梳理了信息和信任是物流供应链管理理论中的重要因素，信息协同和信任关系对于物流供应链协同管理起到至关重要的影响，为接下来的分析奠定了理论基础；另一方面，对区块链技术现有研究进程进行了梳理分析，总结了研究现状的不足。通过现有的文献从不同角度、运用不同方法对区块链技术视角下的物流供应链企业间信任关系问题展开研究，发现存在如下不足：①物流供应链协同管理中的信息协同和信任关系形成的机理分析不够全面，如在作用路径、分析维度、影响因素和交互作用方面；②信息协同和信任关系与物流供应链协同管理三者之间关系的验证普遍存在样本量较小、选择偏差、内生性等问题；③区块链对于信息协同和提升信任关系的影响虽然都有所涉及，但缺乏系统性的梳理和总结；④把区块链技术加入物流供应链协同管理的研究在数理模型方面缺乏理论支撑和验证；⑤区块链技术赋能到相关产业供应链场景的研究缺乏系统完整的平台构建。

第3章 信息协同对物流供应链企业间信任关系的影响研究

物流供应链管理的最终目标就是促进物流供应链上相关企业间达成相互合作，提高产品质量和生产效率，合理配置物流供应链企业资源，实现从设计到生产再到销售的高效协同，达到物流供应链整体最优化。物流供应链企业间信任关系是促进物流供应链企业间相互合作的核心，也是成功管理物流供应链的前提和基础。由此可知，物流供应链企业间建立相互信任的合作伙伴关系能够最大化整合企业间的相关信息和资源，利用自身优势和技能减少成本，迅速适应市场的变化。鉴于此，系统性地从信息协同的角度研究物流供应链企业间信息协同与信任关系的关系具有十分重要的作用与意义。本章运用文献研究法和结构方程模型，探究信息协同（沟通、信息技术能力、信息共享）和物流供应链企业间信任关系之间的影响作用关系，以期进一步揭示物流供应链企业间信息共享与信任关系的深层次关系。

3.1 研究框架与理论假设

对于物流供应链企业间信任关系影响因素的研究，国内起步比较晚，但是有很多的研究成果。刘永胜的研究表明信任机制的建立受到沟通、公平、客户需求能力和信息共享等因素的影响[75]。郝臣认为企业间信任为间接信任，信任的建立必须通过媒介完成，而制度可以保障信任机制的形成[210]。殷著和赵嵩正从动态视角研究了供应链协作信任关系的主要影响因素，分别是投入资源的程度、对合作收益的预期、声誉和转移成本等[211]。曾文杰和马士华基于供应链关系的发展状况，研究了沟通、承诺和合作、信任三大影响供应链协同的要素之间的深层次关系，将163家制造业企业作为研究对象，证明了沟通是供应链关系形成的起点，然后建立企业相互间的信任，最终确立长远的合作关系[212]。李秀起和赵艳萍的研究结果证明了主要影响企业间合作的因素是关系特定型投资、企业声誉、合作经验和企业实力[213]。汪剑群提出企业的声誉和信息共享有利于信任的建立和深化[214]。和征等证实了影响企业间信任关系的重要因素是合作经验、信息共享程度、文化与地域差异和企业声誉[215]。王利等基于生命周期理论证明了在供应链发展的不同阶段，各种因素对供应链企业间信任关系的影响也存在差异性，特别是交往经验、依赖性、供应商声誉、沟通和信息共享[216]。陈建成通过实证分析的方法，以医药供应链为研究对象，验证了交往经验、依赖性和沟通对供应链企业间信任关系具有极大的影响作用[217]。杨志勇和王永贵以价值共创相关理论为基础，构建了以信任为调节变量，沟通与顾客合作意愿之间关系的理论模型，研究了顾客沟通对顾客信任的影响机制[218]。

曾敏刚等以广东省珠三角地区 251 家制造业为调查对象，发现政府支持对客户信任关系、供应商信任关系均有显著的正向影响；政府支持对客户整合、供应商整合均有显著的影响；信任关系对供应链外部整合具有显著的正向影响；此外，政府支持会以信任关系为中介，间接地对供应链外部整合产生影响[219]。张海燕和孙树伟在研究中指出，预期合作收益、信息共享、相互依赖程度、企业声誉、以往合作经验对企业间信任关系的建立起重要作用[220]。郑津基于博弈论建立了信任模型，发现供应链企业间合作阶段不同，影响信任的关键因素也不同：在萌芽阶段，企业更看重合作企业的声誉；在成长阶段，企业更关注企业间的沟通和信息共享；在成熟阶段，交往经验更加重要[221]。王雪芳和张红霞以具有代表性的全行业危机事件为例，证明了危机中沟通对重建和维护消费者品牌信任的重要作用[222]。张宇林和王莉将供应链合作伙伴关系的影响因素分为显性和隐性两个方面，重点分析了企业声誉、组织结构和企业文化的影响[223]。卢艳秋等探讨了企业间信任通过驱动企业知识交易与复用、提升数字化水平的过程和内在机制，说明企业通过降低交易成本、促进知识交易和复用中的合作互动，有助于获取与应用平台模块化数字知识，帮助企业构建信任关系[224]。

国外有关物流供应链企业间信任关系影响因素的研究早于国内。Gulati 研究发现，相互依赖性越高的企业，企业间信任水平越高，因为企业间可以通过资源与能力的相互整合降低环境的不确定性[225]。Kumar 和 Scheer 指出信任水平与企业间相互依赖性是否对称增加有关，若非对称增加，则信任水平降低，反之相反之[226]。Mishra 等认为沟通能够在双方对事实歪曲时消除误解，提高彼此间的信任度[227]。Luhmann 认为相似的价值观是信任的重要源泉[228]。Anand 和 Khanna 指出企业间积累合作经验有利于维持良好的信任关系，降低企业间合作的不确定性[229]。Handfield 和 Bechtel 的研究表明对特性设备、信息系统、人力资源等专用性资产投资会促进企业间的相互信任关系[230]。Kwon 等的研究表明，沟通和信息共享能通过降低交易成本和交往不确定性的途径来提高企业间信任水平[231]。Sampson 认为企业往往会通过合作经验来判断对方企业是否值得信任，企业间可以通过多次合作来增加信任水平[232]。Suh

和 Kwon 认为良好的企业声誉可以提高企业间信任水平[233]。Ye 和 Xu 指出信息共享是建立和发展供应链合作伙伴关系的重要因素[234]。Ben 和 Putterman 通过实验的方法验证了企业间沟通对信任关系的影响作用[235]。Nyaga 等的研究结果表明沟通能够促进供应链成员间建立信任关系[236]。

　　Kwon 考察了法律保护、政府支持及关系三个制度因素对信任和消息融合的影响[237]。Cai 等认为在中国市场分割的特殊环境下，政府支持因素有助于企业与当地供应商和客户信任关系的建立[238]。Chen 等的研究结果表明供应链企业间信任关系的影响因素是信息可利用性和信息质量[239]。Khosravifar 等提出影响企业间信任关系的因素主要是合作经验和信息共享[240]。Capaldo 和 Giannoccaro 认为供应链合作伙伴在产品和过程成就，以及合作伙伴拥有的有形资源和无形资源方面相互依赖，且相互依赖程度决定了物流供应链企业间信任关系[241]。

　　综合上述分析，物流供应链企业间面临着信任缺失的问题，国内外学者和专家对此进行了大量的研究，以求一种提高物流供应链企业间信任水平的方法和途径。根据国内外学者对物流供应链企业间信任关系影响因素的研究状况，本书进行了汇总，包括影响因素及其含义、出现次数、文献来源，具体汇总情况如表 3-1 所示。从表 3-1 的结果可知，国内外专家和学者认可的物流供应链企业间信任关系的主要影响因素有沟通、企业声誉、信息共享、交往经验和相互依赖性。

表 3-1　物流供应链企业间信任的影响因素汇总

序号	影响因素及其含义	出现次数	文献来源
S_1	企业声誉：其他企业与顾客对该企业在企业文化、经营理念、诚信、企业能力等方面的评价	11	王利等[216]、马胡杰等[76]、郑津[221]、汪剑群[214]、殷茗和赵嵩正[211]、张宇林和王莉[223]、王利和葛凯利[242]、李秀起和赵艳萍[213]、张海燕和孙树伟[220]、王丽杰和冯岩岩[80]、Suh 和 Kwon[233]
S_2	沟通：企业间的人员进行的工作交流或社交活动	12	曾文杰[101]、王利等[216]、陈建成[217]、马胡杰等[76]、郑津[221]、杨志勇和王永贵[218]、王雪芳和张红霞[222]、Mishra 等[227]、Ben 和 Putterman[235]、Nyaga 等[236]、刘永胜[75]、Kwon 等[231]
S_3	信息共享：企业间共享市场预测、企业目标、企业战略等关键信息的质量和程度	11	王利等[216]、郑津[221]、Zhou 和 Benton[243]、刘永胜[75]、汪剑群[214]、S.Chen 和 R.Chen[114]、王利和葛凯利[242]、Khosravifar 等[240]、张海燕和孙树伟[220]、王丽杰和冯岩岩[80]、Kwon 等[231]
S_4	交往经验：对以往企业间交往过程或合作结果的满意程度	10	王利等[216]、陈建成[217]、郑津[221]、王利和葛凯利[242]、李秀起和赵艳萍[213]、Khosravifar 等[240]、张海燕和孙树伟[220]、王丽杰和冯岩岩[80]、Sampson[232]、Anand 和 Khanna[229]
S_5	相互依赖性：供应商与制造商相互之间的依赖程度	6	陈建成[217]、Capaldo 和 Giannoccaro[241]、王利和葛凯利[242]、张海燕和孙树伟[220]、Gulati[225]、Kumar 和 Scheer[226]

序号	影响因素及其含义	出现次数	文献来源
S_6	制度环境：包括法律法规及企业间签署的契约与协议	5	马胡杰等[76]、郝臣[210]、Cai 等[238]、曾敏刚等[219]
S_7	相似性：主要指企业间价值观的相似性	1	Luhmann[228]
S_8	专用资产投资：企业间在特定交易过程中投入的固定资产、技术、管理和人力等	3	殷茗和赵嵩正[211]、Handfield 和 Bechtel[230]、李秀起和赵艳萍[213]
S_9	公平：利益公平和程序公平等	1	刘永胜[75]
S_{10}	预期合作收益：合作过程中预期能获得的收益	2	殷茗和赵嵩正[211]、张海燕和孙树伟[220]
S_{11}	转移成本：建立新交易的成本、重新调整运作流程的成本、再次培训员工的成本	1	殷茗和赵嵩正[211]
S_{12}	企业实力：能够按照合作企业需求完成具体工作的能力	1	李秀起和赵艳萍[213]
S_{13}	文化与地域：企业间在文化或地理位置上的差异性或相似性	2	张宇林和王莉[223]、王丽杰和冯岩岩[80]

对已有文献进行归纳和分析，发现国内外很多学者从理论和实践两个方面对物流供应链企业间信任关系进行了广泛的研究和调研，经过对影响因素的汇总结果来看，目前学术界对于物流供应链企业间信任关系的研究侧重于其他因素对供应链企业间信任关系的作用。由表 3-1 可知，物流供应链企业间信任关系的关键影响因素有很多，但是在信息共享日新月异和企业经营环境日益复杂的大背景下，为了迅速适应复杂多变的市场环境，企业越来越重视企业间信任关系。企业如果想快速建立相互信任的关系必须获得共享信息的信息技术支持，从而实现企业间的有效沟通。企业所要解决的关键问题是如何利用先进的信息技术实现物流供应链企业间信任关系。那么，研究信息协同对物流供应链企业间信任关系的影响途径和影响程度变成了主要研究思路。

根据对现有文献的整理、分析，目前国内外学者对物流供应链企业间信任关系与信息关系层面影响因素的研究仍存在以下不足。

（1）已有文献对于物流供应链企业间信息获取途径的研究主要强调信息技术能力，忽略了沟通的作用。有关沟通与物流供应链企业间信任关系的关系，已有学者从理论层面证实了沟通是物流供应链企业间信任关系的关键影响因素，但较少学者从实证分析的层面分析沟通对物流供应链企业间信任关系的作用机理。

（2）已有文献探讨了信息技术能力对物流供应链企业间信任关系的直接影响，忽视了信息技术能力对物流供应链企业间信任关系的间接影响。

（3）已有文献从不同角度探究了影响物流供应链企业间信任关系的关键因素，但是未从信息技术发展的角度对物流供应链企业间信任关系的影响因素进行系统性研究。

基于信息技术不断发展和供应链企业间信任关系日益重要的背景，本书在整理分析现有相关研究的基础上，对利用信息技术提升供应链企业间信任关系的源头进行探寻，以期为供应链管理及信任关系的建立提供新思路。

因此，本章的具体研究问题如下。

（1）沟通是通过什么途径影响物流供应链企业间信任关系的？沟通对供应商和客户是否存在差异性的信任影响？

（2）信息技术能力是通过什么途径影响物流供应链企业间信任关系的？信息技术能力对供应商和客户是否存在差异性的信任影响？

（3）信息共享作为中介变量，对沟通与物流供应链企业间信任关系的中介效应和对信息技术能力与供应链企业间信任关系的中介效应是否相同？另外，信息共享对物流供应链企业间信任关系的建立是否存在影响？是否跟沟通和信息技术能力一样，对供应商和客户产生差异性的信任影响？

3.1.1　沟通与物流供应链企业间信任关系之间的关系

在供应链管理中，沟通常常被视为影响供应链关系质量的一个重要因素，主要体现在建立和维持供应链企业间关系上。Ben 和 Putterman 通过实验方法得到的研究结果表明良好的沟通可以帮助企业间增强彼此的信任[235]。Nyaga 等的研究结果证实了供应链成员间的关系与企业间沟通存在正相关关系[236]。曾文杰验证了沟通对供应链协作信任存在间接影响作用，同时详细分析了在不同的供应链发展阶段，沟通对供应链协作信任的作用也不同：在合作初期，为了增进双方的相互了解，将会增加沟通的频率和强度，双方的信任关系逐渐形成；在合作后期，双方将继续扩大合作并取得一定的收益，相互信任机制最终形成[101]。王利等构建了沟通、信息共享等变量对企业间信任关系影响的理论模型，并以生命周期理论为基础，分析了在供应链发展的不同阶段影响企业间信任关系的关键因素分别是什么，分析结果表明，沟通对成长阶段信任关系有正向影响[216]。马胡杰等以偏最小二乘结构方程为研究方法，以制造业企业为研究对象，以江苏和山东为范围进行问卷调研，结果表明沟通对善意信任关系正向影响作用显著，却无法对合同信任、能力信任产生影响[76]。

基于上述分析结果，本书提出以下假设。

假设 3.1a：沟通对供应商信任关系有正向影响。

假设 3.1b：沟通对客户信任关系有正向影响。

3.1.2　信息技术能力与物流供应链企业间信任关系之间的关系

在信息技术迅猛发展的背景下,供应链企业的信息技术能力会降低交易成本、保障交易安全、对接交易信息等,从而促进企业自身与上下游企业构建信任关系。汪剑群证明了供应链企业间信任关系的建立和维持离不开企业信息能力和企业素质的支持[214]。曾敏刚等在我国情境下,采用实证研究的方法检验了信息技术能力对供应链合作伙伴关系的影响,研究结果表明,信息技术能力可以很大程度上促进企业间信任关系[219]。Dubey 等以组织信息处理理论为基础,使用竞争价值模型展示了大数据分析能力作为一种组织文化如何影响供应链企业间信任关系[244]。

基于上述分析结果,本书提出以下假设。

假设 3.1c:信息技术能力对供应商信任关系有正向影响。

假设 3.1d:信息技术能力对客户信任关系有正向影响。

3.1.3　沟通与信息共享之间的关系

沟通与信息共享的概念密切相关,有关沟通与信息共享之间关系的研究比较少,但是良好的沟通可以通过透明、真实和及时的方式来实现信息共享。Barratt 和 Oke 的研究结果表明信息沟通可以影响信息质量,进而会对信息的实际使用结果产生影响[245]。Jonsson 和 Gustavsson 证明了加大沟通频率和深度,可以提高信息共享的质量,有利于企业对共享信息的正确使用[246]。马胡杰等的研究结果表明沟通能促进供应链企业间实现信息共享,降低信息不对称对供应链企业间关系的影响[76]。

基于上述分析结果,本书提出以下假设。

假设 3.2a:沟通对信息共享有正向影响。

3.1.4　信息技术能力与信息共享之间的关系

供应链管理中商品的运输、资金的流转等都离不开信息,而企业信息技术能力的高低决定了信息的收集、处理和加工等工作的运作,相同道理下,企业间实现信息共享的前提条件是企业拥有足够的信息技术能力。通过分析可知,信息技术能力与信息共享的关系是密不可分的。Nadar 和 Robert 的研究结果表明,提升企业的信息技术能力与加强信息共享程度之间存在着密切的逻辑关联[247]。张雅琪等通过对提出的理论模型进行检验,得出了信息技术能力可以促进供应链企业间信息共享的结论[248]。

基于上述分析结果,本书提出以下假设。

假设 3.2b:信息技术能力对信息共享有正向影响。

3.1.5　信息共享与物流供应链企业间信任关系之间的关系

供应链企业间信息共享可以消除交易市场不确定性和复杂性带来的信息不对称障碍，最小化"牛鞭效应"带来的影响和引导供应链伙伴信任关系程度最大化。Zhou 和 Benton 认为供应链企业间共同拥有一些信息可以减少供应链中各成员信息不对称带来的信息风险，实现信息共享有助于建立和发展彼此的信任关系[243]。Ghosh 和 Fedorowicz 以多案例研究法的研究结果表明信息共享对供应链企业间信任机制的形成有重要的影响作用[249]。叶飞和薛运普通过问卷调查的方式证实了供应链企业间信息共享程度决定了相互信任水平的高低[250]。张海燕和孙树伟通过文献研究法对影响供应链企业间信任关系的因素进行汇总，挑选出包括信息共享在内的 15 个因素建立了解释结构模型，结果发现，提升供应链企业间信任关系的关键点在于信息共享[220]。和征等基于委托代理理论，通过数值仿真的方法验证了所提出的信任激励模型，证明了信息共享程度在信息不对称的条件下与信任激励的关系呈正相关[251]。

基于上述分析结果，本书提出以下假设。

假设 3.3a：信息共享对供应商信任关系有正向影响。

假设 3.3b：信息共享对客户信任关系有正向影响。

3.1.6　信息共享的中介作用

综合以上分析，沟通进行的信息交流多是企业员工之间的交流，而信息共享进行的信息交流更多的是合作企业有关订单信息等业务信息。沟通所要达到的最终目的不是信息交流，而是实现一定程度上的信息共享。供应链企业间实现信息共享，可以促进企业间相互学习、相互了解，进而巩固彼此之间的信任。

信息技术能力作为一种无形资源，一方面可以反映企业信息技术基础设施和管理人员的储备能力；另一方面，这种能力为企业内部或企业间实现信息共享扫清了障碍，合理有效地应用信息技术可以保证共享信息的及时性、真实性和透明性，进而增强企业间信息共享的程度。同时，信息技术能力作为一种人才及知识储备能力，如果供应链企业拥有较强的信息技术能力，彼此间会产生更强烈的依赖关系，更容易建立彼此的信任关系。

基于上述分析结果，本书提出以下假设。

假设 3.4a：信息共享在沟通与供应商信任关系之间起中介作用。

假设 3.4b：信息共享在信息技术能力与供应商信任关系之间起中介作用。

假设 3.4c：信息共享在沟通与客户信任关系之间起中介作用。

假设 3.4d：信息共享在信息技术能力与客户信任关系之间起中介作用。

本书提出的研究假设及假设的理论基础如表 3-2 所示。

表 3-2　研究假设汇总

序列	假设内容	理论基础
假设 3.1a	沟通对供应商信任关系有正向影响	Ben 和 Putterman[235]，Nyaga 等[236]，曾文杰[101]
假设 3.1b	沟通对客户信任关系有正向影响	马胡杰等[76]
假设 3.1c	信息技术能力对供应商信任关系有正向影响	汪剑群[214]
假设 3.1d	信息技术能力对客户信任关系有正向影响	Dubey 等[244]
假设 3.2a	沟通对信息共享有正向影响	Barratt 和 Oke[245]，Jonsson 和 Gustavsson[246]
假设 3.2b	信息技术能力对信息共享有正向影响	Nadar 和 Robert[247]，张雅琪等[248]
假设 3.3a	信息共享对供应商信任关系有正向影响	Zhou 和 Benton[243]，Ghosh 和 Fedorowicz[249]
假设 3.3b	信息共享对客户信任关系有正向影响	叶飞和薛运普[250]，张海燕和孙树伟[220]，和征等[251]
假设 3.4a	信息共享在沟通与供应商信任关系之间起中介作用	
假设 3.4b	信息共享在信息技术能力与供应商信任关系之间起中介作用	
假设 3.4c	信息共享在沟通与客户信任关系之间起中介作用	
假设 3.4d	信息共享在信息技术能力与客户信任关系之间起中介作用	

3.2　理论模型构建

从供应链企业间的沟通、信息技术能力可以促进企业间建立信任机制和信任关系的逻辑推理中得出，信息共享已经成为物流供应链企业间建立信任关系的重要影响因素。对信息共享和信任关系的源起分别进行分析和整理，本章提出沟通、信息技术能力对物流供应链企业间信任关系影响的理论模型，如图 3-1 所示。

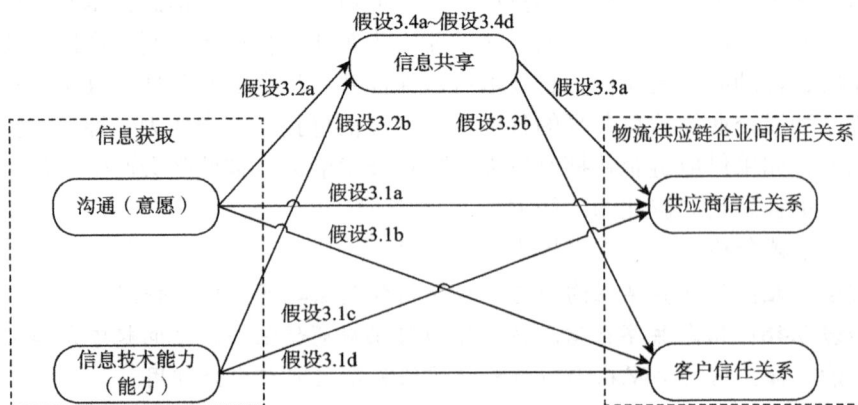

图 3-1　整体的理论模型

3.3　研　究　设　计

3.1 节和 3.2 节对物流供应链企业间信任关系和各个变量间关系的相关文献进行了分类总结和逻辑梳理，并对研究中所涉及的相关理论进行了简单介绍，具备了一定的理论和成果支撑，之后访谈专家教授及企业的各级管理者，从企业的实际情况出发，了解沟通、信息技术能力、信息共享的构念及对物流供应链企业间信任关系的影响机理，掌握现下物流供应链企业间信任关系的第一手资料。理论模型中沟通、信息技术能力、信息共享和供应链企业间信任关系所需要的数据均不是现有的，因此本书采取实地调研和调查问卷相结合的方式来获得大量数据，主要对提出的理论模型进行问卷设计和对预调研问卷数据进行分析。

3.3.1　问卷设计

本书正式问卷的形成分为三步。

（1）初始问卷。通过实地调研和文献分析，从实际和理论两个方面同时出发，筛选出最适合的测量问项，再通过与专家教授、企业管理者的访谈进行修正，使问卷题项更易于企业员工理解，更符合中国国情，最终形成初始问卷。

（2）预调研。为了保证正式调研的顺利实施和调研结果的严谨性，需要在正式调研前进行小规模的预调研测试问卷的科学性，通过对企业的各级管理者、本校 MBA（master of business administration，工商管理硕士）和 EMBA（executive master of business administration，高级管理人员工商管理硕士）共 62 位受访者进行预调研，分析问卷数据的信度和效度，对不合适的测量问项进行修改或删除，调整问卷出现的问题。

（3）正式调研。根据预调研数据的分析结果对初始问卷进行修改后，问卷已具有良好的信度和效度，形成正式问卷。本书发放问卷主要采用两种方式：一是向 MBA 和 EMBA 班级中供应链企业的中高级管理者发放问卷；二是依托中铁联运物流股份有限公司——一家致力于铁路公路货运代理改革的标杆性企业，通过多次实地调研、电子邮件等方式将问卷发给与中铁联运物流股份有限公司有合作的企业管理者。

在调查问卷的内容方面，根据本书建立的理论模型，围绕本书的关键研究内容，形成调查问卷。问卷采取匿名填写方式，并在问卷的开头说明填写问卷的目的仅仅是为了科学研究之用，保证严格保密所提供的数据，同时提醒答卷者在填写问卷时细心阅读，并根据自己的真实感受和想法作答，保证问卷数据的真实性和科学性。调查问卷主要分为以下部分：①答卷人所在企业的基本信息，即企业所属行业、固定资产规模、成立时间、员工总人数、企业所有制类型等；②答卷人的基本信息，即职位、工作年限等；③答卷人所在企业有关沟通方面的情况；④答卷人所在企业有关信息技术能力方面的情况；⑤答卷人所在企业有关信息共享方面的情况；⑥答卷人所在企业有关供应链企业间信任关系方面的情况。

在调查问卷对象的选择方面，由于测量题项主要包含供应链企业的信息技术能力、供应链企业间的沟通及信息共享程度、供应链企业与供应商及客户的信任关系，回答这些问题要求问卷受访者对所在企业的供应链管理有较全面的认识，本书问卷的有效受访者必须是中层管理者及以上职务、工作年限超过 3 年的基层管理者和在供应链管理岗位工作超过 2 年的员工，否则视为无效样本，予以删除，以求最大限度确保问卷数据的科学性和严谨性。

3.3.2　变量测量

本书的测量题项包括沟通、信息技术能力、信息共享与物流供应链企业间信任关系四个方面。本书在查阅国内外相关研究的基础上，为了保证测量问卷具有更高的信度和效度，问卷题项均参考被多次采纳、被验证的成熟的测量量表，并根据专家访谈和文化差异情况进行适当改进。所有题项均使用 Likert7 点量表，问卷受访者可以根据企业的实际情况进行评估，分别按 1~7 分记录。

1. 沟通的测量

本书将沟通划分为任务相关型沟通、目标相关型沟通和社交型沟通三个维度。沟通的测量采用 Shibin 等[252]和曾伏娥等[103]开发的量表，包括如表 3-3 所示的六个测量问项，在预调研时删去不符合信度和效度标准的两个测量问项。具体测量问项设计如表 3-3 所示。

表 3-3　沟通的测量量表

沟通的构成维度	项目编号	测量问项设计/测量指标
任务相关型沟通	COM1	公司与供应商交换了大量详细的有关业务方面的信息
	COM2	公司会与供应商讨论彼此必须履行的任务和工作职责
目标相关型沟通	COM3	公司会与供应商讨论彼此关注的目标
	COM4	供应商会与公司谈论其关于经销商的计划
社交型沟通	COM5*	公司与供应商之间的同级人员会谈论工作以外的兴趣
	COM6*	公司与供应商之间的同级人员会进行非正式的社交活动

*表示不符合信度和效度标准的两个测量问项

2. 信息技术能力的测量

本书将信息技术能力划分为信息技术基础设施能力、信息技术管理能力和信息技术与业务之间的关系能力三个维度。为了测量问项能够更好地测量变量，信息技术基础设施能力的问题设计参照 Tallon 等[253]的研究；信息技术管理能力的问题设计参照殷国鹏和陈禹[107]、Bassellier 和 Benbasat[254]的研究；信息技术与业务之间的关系能力的问题设计参照 Boynton 等[255]、Ross 和 Weill[256]的研究。具体测量问项设计如表 3-4 所示。

表 3-4　信息技术能力的测量量表

信息技术能力的构成维度	项目编号	测量问项设计/测量指标
信息技术基础设施能力	IT1	公司的信息技术平台可以很好地满足员工之间的信息共享、沟通交流等协作需求
	IT2	公司的信息技术平台可以轻松地实现与供应商、客户等外部伙伴之间的电子化连接
信息技术管理能力	IT3	公司的信息技术部门对于系统日常故障的处理有专门人员按程序处理，并分析原因逐步改善
	IT4	公司信息技术员工对公司流程、职能领域（如销售、生产、物流、采购、财务等）非常熟悉
信息技术与业务之间的关系能力	IT5	公司业务/职能部门的管理层将信息技术应用作为优化业务流程、提高效率的重要工具
	IT6	公司已经建立以业务导向的信息技术绩效评估，重视考察信息技术投资与应用对业务的贡献

3. 信息共享的测量

信息共享的三个不同层级分别为作业层、管理层和战略层。信息共享的问题设计参考李随成和杨功庆[120]、曹玉玲和李随成[257]的研究。具体测量问项设计如表 3-5 所示。

表 3-5　信息共享的测量量表

信息共享的构成维度	项目编号	测量问项设计/测量指标
作业层	IS1	公司会共享有关产品品种和价格方面的信息
	IS2	公司会共享公布及获取的有关订单处理方面的信息
管理层	IS3	公司会共享公布及获取的有关生产能力方面的信息
	IS4	公司会共享公布及获取的有关供货情况方面的信息
战略层	IS5	公司会共享公布及获取的有关市场预测方面的信息
	IS6	公司会共享公布及获取的有关新产品设计方面的信息

4. 物流供应链企业间信任关系的测量

本书将物流供应链企业间信任关系划分为供应商信任关系和客户信任关系两个

维度。其中，供应商信任关系的问题设计参考 Cai 等[238]的研究；客户信任关系的问题设计参考 Yeung 等[258]的研究，具体测量问项设计如表 3-6 所示。

表 3-6　物流供应链企业间信任关系的测量量表

信任关系的构成维度	项目编号	测量问项设计/测量指标
供应商信任关系	TS1	考虑到我们的关系，公司相信主要供应商会做正确的决定
	TS2	公司与主要供应商有高度的信赖关系
	TS3	公司相信主要供应商会遵守契约
客户信任关系	TC1	公司相信主要客户会遵守承诺
	TC2	公司相信主要客户制定重大决策时会考虑本公司的利益
	TC3	公司相信主要客户将本公司的利益放在至关重要的位置

3.3.3　问卷预测试分析

本书预测试样本以西北工业大学 MBA 学员、EMBA 学员作为预测试样本数据来源，于 2019 年 5 月回收有效问卷 62 份。

1. 预测试分析方法

本书运用 SPSS 25.0 软件进行预测试问卷数据的探索性因子分析，通过各测量参数结果检测各个测量问项的信度和效度。测量问卷测量问项的信度和效度检验步骤如下。

（1）问卷预测试信度检验分析测量指标采用 Cronbach's α 系数。一般情况下，Cronbach's α 系数值越接近 1，表示量表的信度越好。可接受信度的量表 Cronbach's α 系数值在 0.7~0.8。因此，本书量表 Cronbach's α 系数应大于 0.7，CITC（corrected item-total correlation，校正的项总计相关性）值应大于 0.35。

（2）KMO 检验，即抽样适合性检验。KMO（Kaiser-Meyer-Olkin）取值在 0~1，以此值判断各测量变量间的相关性，最终决定变量是否进行因子分析。KMO 值越接近 1，表示变量间具有越强的相关性，越适合做因子分析。一般情况下，KMO 值小于 0.7 应拒绝做因子分析。

（3）探索性因子分析。主要通过观察各测量问项在进行因子旋转后在各主成分上的因子载荷情况，删选测量问项，判断标准如下：一般情况下，①当某个主成分中只有一个测量问项的因子载荷大于 0.5 时，表明该主成分的信度不存在内部一致性，故应删除该测量问项；②当某一个测量问项存在两个以上主成分的因子载荷大于 0.5 的情况时，无法判断该测量问项属于哪个主成分，这种现象称为横跨现象，该测量问项应予以删除；③当一个测量问项所有主成分中的因子载荷都小于 0.5 时，表明该测量问项对所有因子的解释力度都比较差，应删除该测量问项；④直至剩余测量问项属于且仅属于一个主成分，累计方差贡献率不小于50%，并且每个因子载荷都必须大于 0.5。

（4）再次计算 Cronbach's α 系数。为了保证测量量表具有较强的可靠性和科学性，需要对删除了不合适测量问项的测量量表重新进行信度检验。

2. 预测试分析结果

1）沟通量表的测量结果

（1）沟通量表的信度和收敛效度。使用预调研问卷数据对沟通量表进行内部一致性信度检验和收敛效度检验。沟通量表信度和收敛效度测量结果如表 3-7 所示，对于信度检验，沟通量表的最终 Cronbach's α 系数为 0.831，在量表可接受信度范围内，通过了信度检验。对于收敛效度检验，沟通量表 6 个测量问项中第 4~6 个测量问项的 CITC 值小于 0.5，其余测量问项 CITC 值均大于 0.5，反映出该量表的收敛效度一般。

表 3-7　沟通量表的 CITC 值及信度检验

潜变量	测量问项	CITC 值	最终的 CITC 值	删除该项后的 Cronbach's α 系数	Cronbach's α 系数
沟通	COM1	0.678	0.707	0.757	
	COM2	0.652	0.730	0.763	
	COM3	0.648	0.750	0.765	初始 0.811
	COM4	0.487	0.465	0.800	最终 0.831
	COM5*	0.496		0.798	
	COM6*	0.478		0.803	

*表示不符合信度和效度标准的两个测量问项

（2）沟通量表的区分效度。为了检验沟通量表的区分效度，应对沟通量表进行探索性因子分析。在此之前，预调研问卷数据通过 KMO 检验和 Bartlett 球形检验是必要条件。沟通量表的检验测量结果如表 3-8 所示，沟通量表的 KMO 值为0.754，大于最低标准 0.5；P 值为 0，符合做探索性因子分析的标准。

表 3-8　沟通量表的 KMO 检验和 Bartlett 球形检验结果

KMO 检验		0.754
Bartlett 球形检验	近似卡方分布	149.786
	df	15
	P	0

本书在提取因子时采用主成分分析法，在进行因子旋转时运用最大方差法，

对沟通量表进行探索性因子分析。本书进行因子选取时参照前人研究中的两个标准：一是因子的特征值必须大于1；二是因子的方差贡献率必须大于5%。

对沟通量表进行探索性因子分析，得到特征值与方差贡献率如表 3-9 所示。同时满足因子选取两个标准的因子有 2 个，第 3 个因子的特征值为 0.685，不满足因子选取时的第一个标准，故综合考虑抽取 2 个因子。提取的 2 个因子的方差贡献率总计为 73.138%，表明这 2 个因子的解释能力相对较高。

表 3-9 沟通量表的特征值与方差贡献率

成分	初始特征值			提取荷载平方和			旋转荷载平方和		
	总计	方差百分比	累积	总计	方差百分比	累积	总计	方差百分比	累积
1	3.121	52.019%	52.019%	3.121	52.019%	52.019%	2.634	43.904%	43.904%
2	1.267	21.119%	73.138%	1.267	21.119%	73.138%	1.754	29.234%	73.138%
3	0.685	11.418%	84.556%						
4	0.388	6.461%	91.017%						
5	0.281	4.680%	95.697%						
6	0.258	4.303%	100.000%						

注：提取方法为主成分分析法

沟通量表的第一次探索性因子分析结果如表 3-10 所示，各测量问项的因子载荷均在第一个主成分下大于 0.5，但是出现了第 5 个、第 6 个测量问项存在两个因子载荷均大于 0.5 的情况，说明出现了横跨现象，无法判断测量问项的归属。根据探索性因子分析的删选标准，应予以删除。

表 3-10 沟通量表的第一次探索性因子分析结果

测量问项	成分	
	1	2
COM1	0.821	−0.235
COM2	0.810	−0.355
COM3	0.805	−0.389
COM4	0.639	−0.054
COM5*	0.611	0.671
COM6*	0.602	0.694

*表示不符合信度和效度标准的两个测量问项
注：提取方法为主成分分析法，并提取了 2 个成分

删除第 5 个、第 6 个测量问项后，再次进行探索性因子分析，根据表 3-11 结果可以看出，此时每一个测量问项只在一个主成分下的因子载荷超过 0.5，具有一定的区分效度，故沟通量表不需要再删除测量问项，可以直接用于测量正式问卷数据。

表 3-11　沟通量表的第二次探索性因子分析结果

测量问项	成分
	1
COM1	0.853
COM2	0.874
COM3	0.881
COM4	0.642

注：提取方法为主成分分析法

对删除测量问项后的沟通量表重新进行信度和收敛效度检验，由表 3-7 看出，删除测量问项后量表的整体信度由初始的 0.811 变为最终的 0.831，表明删除测量问项后量表的内部一致性信度仍然较好。

经过与企业管理者和专家充分讨论并综合以上信度和效度分析，删除测量沟通的第 5 个和第 6 个测量问项，保留剩余的 4 个测量问项。

2）信息技术能力量表的测量结果

（1）信息技术能力量表的信度和收敛效度。使用预调研问卷数据对信息技术能力量表进行内部一致性信度检验和收敛效度检验。信息技术能力量表信度和收敛效度测量结果如表 3-12 所示，对于信度检验，信息技术能力总量表的 Cronbach's α 系数为 0.935，在总量表高信度范围内，通过了信度检验。对于收敛效度，CITC 值均大于 0.5，说明信息技术能力量表具有较好的收敛效度，通过了收敛效度检验。

表 3-12　信息技术能力量表的 CITC 值及信度检验

潜变量	测量问项	CITC 值	删除该项后的 Cronbach's α 系数	Cronbach's α 系数
信息技术能力	IT1	0.857	0.916	0.935
	IT2	0.701	0.935	
	IT3	0.878	0.914	
	IT4	0.768	0.928	
	IT5	0.805	0.923	
	IT6	0.836	0.919	

（2）信息技术能力量表的区分效度。为了检验信息技术能力量表的区分效度，应对信息技术能力量表进行探索性因子分析。在此之前，预调研问卷数据通过 KMO 检验和 Bartlett 球形检验是必要条件。信息技术能力量表的检验测量结果如表 3-13 所示，信息技术能力量表的 KMO 值为 0.883，大于最低标准 0.5；P 值为 0，符合做探索性因子分析的标准。

表 3-13 信息技术能力量表的 KMO 检验和 Bartlett 球形检验结果

KMO 检验		0.883
Bartlett 球形检验	近似卡方分布	301.099
	df	15
	P	0

对信息技术能力量表进行探索性因子分析的结果如表 3-14 所示，同时满足因子选取时两个标准的因子只有 1 个，第 2 个因子的特征值为 0.515，不满足因子选取时的第一个标准，故综合考虑抽取 1 个因子，同时表明这个因子对该量表具有很高的解释能力。

表 3-14 信息技术能力量表的特征值与方差贡献率

成分	初始特征值			提取荷载平方和		
	总计	方差百分比	累积	总计	方差百分比	累积
1	4.538	75.640%	75.640%	4.538	75.640%	75.640%
2	0.515	8.589%	84.229%			
3	0.341	5.689%	89.918%			
4	0.294	4.900%	94.818%			
5	0.166	2.763%	97.581%			
6	0.145	2.419%	100.00%			

注：提取方法为主成分分析法

信息技术能力量表的探索性因子分析结果如表 3-15 所示，各个测量问项的因子载荷大部分大于 0.8，具有一定的区分效度，表明这些测量问项可能属于同一个因子，所以信息技术能力量表不需要删除测量问项，可以直接用于测量正式问卷数据。

表 3-15 信息技术能力量表的探索性因子分析结果

测量问项	成分
	1
IT 1	0.907
IT 2	0.785
IT 3	0.921
IT 4	0.841
IT 5	0.869
IT 6	0.889

注：提取方法为主成分分析法

综合以上信度和效度分析，保留测量信息技术能力的 6 个测量问项。

3）信息共享量表的测量结果

（1）信息共享量表的信度和收敛效度。使用预调研问卷数据对信息共享量表进行内部一致性信度检验和收敛效度检验。信息共享量表信度和收敛效度测量结果如表 3-16 所示，对于信度检验，信息共享量表的最终 Cronbach's α 系数为 0.943，在量表高信度范围内，通过了信度检验。对于收敛效度检验，CITC 值均远大于 0.5，反映出信息共享量表具有较好的收敛效度，通过了收敛效度检验。

表 3-16　信息共享量表的 CITC 值及信度检验

潜变量	测量问项	CITC 值	删除该项后的 Cronbach's α 系数	Cronbach's α 系数
信息共享	IS1	0.793	0.938	0.943
	IS2	0.883	0.927	
	IS3	0.852	0.930	
	IS4	0.899	0.924	
	IS5	0.825	0.934	
	IS6	0.740	0.944	

（2）信息共享量表的区分效度。为了检验信息共享量表的区分效度，应对信息共享量表进行探索性因子分析。在此之前，预调研问卷数据通过 KMO 检验和 Bartlett 球形检验是必要条件。信息共享量表的检验测量结果如表 3-17 所示，信息共享量表的 KMO 值为 0.890，大于最低标准 0.5；P 值为 0，符合做探索性因子分析的标准。

表 3-17　信息共享量表的 KMO 检验和 Bartlett 球形检验结果

KMO 检验		0.890
Bartlett 球形检验	近似卡方分布	358.278
	df	15
	P	0

对信息共享量表进行探索性因子分析，得到特征值与方差贡献率如表 3-18 所示，结果发现同时满足因子选取两个标准的因子只有 1 个，第 2 个因子的特征值为 0.557，不满足因子选取时的第一个标准，故综合考虑只提取 1 个因子，同时也说明这个因子对该量表具有很高的解释能力。

表 3-18　信息共享量表的特征值与方差贡献率

成分	初始特征值			提取荷载平方和		
	总计	方差百分比	累积	总计	方差百分比	累积
1	4.715	78.590%	78.590%	4.715	78.590%	78.590%
2	0.557	9.290%	87.880%			

续表

成分	初始特征值			提取荷载平方和		
	总计	方差百分比	累积	总计	方差百分比	累积
3	0.296	4.930%	92.810%			
4	0.181	3.024%	95.834%			
5	0.150	2.504%	98.338%			
6	0.100	1.662%	100.000%			

注：提取方法为主成分分析法

　　信息共享量表的探索性因子分析如表 3-19 所示，各个测量问项的因子载荷都大于 0.8，具有一定的区分效度，也表明这些测量问项很可能属于同一个因子，故信息共享量表不需要删除测量问项，可以直接用于测量正式问卷数据。

表 3-19　信息共享量表的探索性因子分析结果

测量问项	成分
	1
IS 1	0.858
IS 2	0.924
IS 3	0.903
IS 4	0.936
IS 5	0.878
IS 6	0.815

注：提取方法为主成分分析法

　　综合以上信度和效度分析，保留测量信息共享的 6 个测量问项。

　　4）供应链企业间信任关系量表的测量结果

　　（1）供应商信任量表的测量结果。

　　a. 供应商信任关系量表的信度和收敛效度。使用预调研问卷数据对供应商信任关系量表进行内部一致性信度检验和收敛效度检验。供应商信任关系信度和收敛效度测量结果如表 3-20 所示，对于信度检验，供应商信任关系量表的最终 Cronbach's α 系数为 0.861，在量表可接受信度范围内，通过了信度检验。对于收敛效度检验，CITC 值均远大于 0.5，反映出供应商信任关系量表具有较好的收敛效度，通过了收敛效度检验。

表 3-20　供应商信任关系量表的 CITC 值及信度检验

潜变量	测量问项	CITC 值	删除该项后的 Cronbach's α 系数	Cronbach's α 系数
供应商 信任关系	TS1	0.711	0.829	
	TS2	0.769	0.774	0.861
	TS3	0.733	0.809	

b. 供应商信任关系量表的区分效度。为了检验供应商信任关系量表的区分效度，应对供应商信任关系量表进行探索性因子分析。在此之前，预调研问卷数据通过 KMO 检验和 Bartlett 球形检验是必要条件。供应商信任关系量表的检验测量结果如表 3-21 所示，供应商信任关系量表的 KMO 值为 0.730，大于最低标准 0.5；P 值为 0，符合做探索性因子分析的标准。

表 3-21　供应商信任关系量表的 KMO 检验和 Bartlett 球形检验结果

KMO 检验		0.730
Bartlett 球形检验	近似卡方分布	83.342
	df	3
	P	0

对供应商信任关系量表进行探索性因子分析的结果如表 3-22 所示，结果发现同时满足因子选取两个标准的因子只有 1 个，第 2 个因子的特征值为 0.371，不满足因子选取时的第一个标准，故综合考虑只提取 1 个因子，同时也说明这个因子对该量表具有很高的解释能力。

表 3-22　供应商信任关系量表的特征值与方差贡献率

成分	初始特征值			提取荷载平方和		
	总计	方差百分比	累积	总计	方差百分比	累积
1	2.348	78.276%	78.276%	2.348	78.276%	78.276%
2	0.371	12.379%	90.655%			
3	0.280	9.345%	100.000%			

注：提取方法为主成分分析法

供应商信任关系量表的探索性因子分析结果如表 3-23 所示，各个测量问项的因子载荷都大于 0.8，具有一定的区分效度，也表明这些测量问项很可能属于同一个因子，故供应商信任关系量表不需要删除测量问项，可以直接用于测量正式问卷数据。

表 3-23　供应商信任关系量表的探索性因子分析结果

测量问项	成分
	1
TS 1	0.869
TS 2	0.903
TS 3	0.882

注：提取方法为主成分分析法

综合以上信度和效度分析，保留测量供应商信任关系的 3 个测量问项。

（2）客户信任关系量表的测量结果。

a. 客户信任关系量表的信度和收敛效度。使用预调研问卷数据对客户信任关系量表进行内部一致性信度检验和收敛效度检验。客户信任关系量表信度和收敛效度测量结果如表 3-24 所示，对于信度检验，客户信任关系量表的最终 Cronbach's α 系数为 0.838，在量表可接受信度范围内，通过了信度检验。对于收敛效度检验，CITC值均远大于 0.5，反映出客户信任关系量表具有较好的收敛效度，通过了收敛效度检验。

表 3-24　客户信任关系量表的 CITC 值及信度检验

潜变量	测量问项	CITC 值	删除该项后的 Cronbach's α 系数	Cronbach's α 系数
客户信任关系	TC1	0.669	0.809	0.838
	TC2	0.746	0.732	
	TC3	0.701	0.773	

b. 客户信任关系量表的区分效度。为了检验客户信任关系量表的区分效度，应对客户信任关系量表进行探索性因子分析。在此之前，预调研问卷数据通过KMO 检验和 Bartlett 球形检验是必要条件。客户信任关系量表的检验测量结果如表 3-25 所示，客户信任量表的 KMO 值为 0.717，大于最低标准 0.5；P 值为 0，符合做探索性因子分析的标准。

表 3-25　客户信任关系量表的 KMO 检验和 Bartlett 球形检验结果

KMO 检验		0.717
Bartlett 球形检验	近似卡方分布	72.530
	df	3
	P	0

对客户信任关系量表进行探索性因子分析，得到特征值与方差贡献率如表 3-26所示，结果发现同时满足因子选取两个标准的因子只有 1 个，第 2 个因子的特征值为 0.422，不满足因子选取时的第一个标准，故综合考虑只提取 1 个因子，同时也说明这个因子对该量表具有很高的解释能力。

表 3-26　客户信任关系量表的特征值与方差贡献率

成分	初始特征值			提取荷载平方和		
	总计	方差百分比	累积	总计	方差百分比	累积
1	2.272	75.727%	75.727%	2.272	75.727%	75.727%
2	0.422	14.071%	89.798%			

续表

成分	初始特征值			提取荷载平方和		
	总计	方差百分比	累积	总计	方差百分比	累积
3	0.306	10.202%	100.000%			

注：提取方法为主成分分析法

　　客户信任关系量表的探索性因子分析结果如表 3-27 所示，各个测量问项的因子载荷都大于 0.8，具有一定的区分效度，也表明这些测量问项很可能属于同一个因子，故客户信任关系量表不需要删除测量问项，可以直接用于测量正式问卷数据。

表 3-27　客户信任关系量表的探索性因子分析结果

测量问项	成分
	1
TC 1	0.849
TC 2	0.894
TC 3	0.867

注：提取方法为主成分分析法

　　综合以上信度和效度分析，保留测量客户信任关系的 3 个测量问项。

3.3.4　数据收集

　　本书的研究内容是物流供应链企业间沟通、信息技术能力、信息共享与供应商信任关系、客户信任关系之间的关系，因此本书的调查对象重点选取熟悉物流供应链企业的各级管理者，调查范围不限行业，这样可以保障问卷数据的有效性和科学性。本书主要采取两种方式进行正式问卷的发放：一是采取方便抽样的方式；二是利用课题组资源的方式。正式问卷的具体发放过程如下。

　　（1）采用方便抽样的方式。对西北工业大学的工程硕士、MBA 学员、EMBA 学员发放和回收问卷。正式调研时间为 2019 年 5~9 月。

　　（2）利用课题组资源的方式。对课题组合作企业——中铁联运物流股份有限公司及与该企业合作的供应链企业发放和回收调查问卷。正式调研时间为 2019 年 5~11 月。

　　由于正式调研时间历时 7 个月，时间跨度较大，为了检验多次回收的问卷是否存在差异性，利用 T 检验的方法对问卷数据进行差异性分析，结果表明多次回收的问卷无显著性差异，可以合并使用。共回收问卷 321 份，剔除填写不全及问卷答项完全一致的问卷，扣除调研对象不符合调研要求的问卷后，最终得到有效问卷 196 份，回收有效率为 61.06%。

为了确保正式问卷数据的可靠度，需要对样本企业和受访者进行统计分析，表 3-28 统计分析了有效问卷中样本企业的基本特征。

表 3-28　样本企业的基本特征

基本特征		数量	比例
1. 所属行业	农林牧渔业	4	2.04%
	采矿业	5	2.55%
	制造业	33	16.84%
	电力、热力、燃气及水生产和供应业	11	5.61%
	建筑业	15	7.65%
	批发和零售业	4	2.04%
	交通运输、仓储和邮政业	10	5.10%
	住宿和餐饮业	5	2.55%
	信息传输、软件和信息技术服务业	26	13.27%
	金融业	19	9.69%
	房地产业	18	9.18%
	其他行业	46	23.47%
2. 固定资产规模	<500 万元	32	16.33%
	500 万~1 000 万元（不含）	18	9.18%
	1 000 万~2 000 万元（不含）	11	5.61%
	2 000 万~5 000 万元（不含）	11	5.61%
	≥5 000 万元	124	63.27%
3. 成立时间	≤5 年	28	14.29%
	6~10 年	39	19.90%
	11~15 年	56	28.57%
	>25 年[1]	69	35.20%
	不清楚	4	2.04%
4. 员工总数	<100 人	58	29.59%
	100~299 人	24	12.24%
	300~999 人	28	14.29%
	1 000~1 999 人	23	11.73%
	≥2 000 人	63	32.14%
5. 所有制类型	国有/集体企业	91	46.43%
	私营/民营企业	87	44.39%
	外资企业	15	7.65%
	合资企业	3	1.53%

1）16~25 年的企业数量为 0；由于舍入修约，数据有偏差

在有效样本中，企业均为物流供应链企业，但所属行业分布较广，其中主要为制造业，占比 16.84%，信息传输、软件和信息技术服务业占比 13.27%。在固定资产规模方面，5 000 万元及以上的占比 63.27%，1 000 万元以上的占比 74.49%。在有效样本企业中，企业成立时间超过 25 年的占比 35.20%，超过 10 年的占比 63.77%；员工总数超过 2 000 人的占比 32.14%，1 000 人及以上的占比 43.87%；所有制类型主要为国有/集体企业，占比 46.43%，私营/民营企业占比 44.39%，外资企业占比 7.65%，合资企业占比 1.53%。

从这 5 个方面可以看出，样本企业所属行业分布整体较为均匀，样本企业总体规模较大，并且各个层级的固定资产规模、成立时间、员工总数、所有制类型均有涉及，说明样本企业较为全面，研究结论具有科学性、代表性。

研究内容涉及企业内部的重要信息，如供应链企业间的沟通及信息共享程度、供应链企业的信息技术能力及供应链企业间信任关系，回答这些问题要求问卷受访者对所在企业的供应链管理有较全面的认识，因此本书的问卷受访者都是企业所有者、高层管理者、中层管理者、工作年限超过 3 年的基层管理者和在供应链管理岗位工作超过 2 年的员工，否则视为无效样本。

有效问卷受访者的基本特征如表 3-29 所示。问卷受访者为企业所有者、高层管理者、中层管理者的占比分别为 8.16%、9.69%、21.94%。工作年限 2~5 年的占比 58.16%，超过 5 年的共计占比 41.84%。因此，问卷受访者的职务和工作年限能够保证其对供应链管理有一定的认识，同时也保证了问卷数据的有效性、切合性。

表 3-29　受访者的基本特征

基本特征		数量	比例
1. 职务	企业所有者	16	8.16%
	高层管理者	19	9.69%
	中层管理者	43	21.94%
	基层管理者	77	39.29%
	其他	41	20.92%
2. 工作年限	2~5 年	114	58.16%
	6~10 年	52	26.53%
	11~20 年	26	13.27%
	21~30 年	1	0.51%
	31~40 年	1	0.51%
	≥41 年	2	1.02%

共同方法偏差会混淆分析结果，甚至会对分析结果产生误导。为了检验问卷数据是否存在共同方法偏差问题，本书将采用 Harman 单一因子分析方法。本书

问卷数据的共同方法偏差检验结果如表 3-30 所示。

表 3-30　解释总变异量

主成分	初始特征根			提取平方和载入			旋转平方和载入		
	合计	方差百分比	累积	合计	方差百分比	累积	合计	方差百分比	累积
1	8.348	36.297%	36.297%	8.348	36.297%	36.297%	4.473	19.447%	19.447%
2	2.949	12.824%	49.121%	2.949	12.824%	49.121%	4.424	19.235%	38.682%
3	2.300	9.998%	59.119%	2.300	9.998%	59.119%	3.025	13.153%	51.835%
4	1.577	6.856%	65.975%	1.577	6.856%	65.975%	2.806	12.201%	64.036%
5	1.354	5.885%	71.860%	1.354	5.885%	71.860%	1.799	7.823%	71.859%
6	0.824	3.584%	75.444%						
7	0.693	3.014%	78.458%						
8	0.603	2.621%	81.079%						

如表 3-30 所示，特征根大于 1 的 5 个因子的方差贡献率为 71.860%，特征根较大的 8 个因子的方差贡献率为 81.079%，其中第 1 个因子的方差贡献率为 36.297%，未超过 40%，说明本书并不存在严重的共同方法偏差问题。共同方法偏差属于系统误差，但是可以采取不同时间、不同地点填写问卷的方式降低问卷数据的共同方法偏差。

3.3.5　数据分析

通过对预调研问卷数据进行分析，删除了一些不合适的测量问项，提高了测量量表的信度和效度，也提高了问卷数据的质量，最终形成了正式问卷。采用 AMOS 软件与 SPSS 软件进行正式调研问卷的数据处理工作。数据处理的具体步骤如下：首先，采用 SPSS 25.0 对样本的来源和基本特征等进行简单分析，保证样本数据的可靠性和严谨性；其次，进行信度和效度检验；最后，在确保信度和效度等所有指标均符合要求时，运用 AMOS 22.0 软件对本书提出的理论模型进行验证性因子分析（confirmatory factor analysis，CFA）和路径分析，得出各变量间的路径系数和显著性水平，检验所提出的研究假设是否得到支持。

1. 样本正态性检验

验证性因子分析要求问卷数据必须服从正态性分布。为了检验问卷数据是否呈正态性分布，本书使用 SPSS 25.0 软件进行正态性分析。问卷数据正态性分析结果如表 3-31 所示。

表 3-31　样本正态性分析

测量问项	有效样本数量	标准偏差	偏度	偏度标准误差	峰度	峰度标准误差	最小值	最大值
COM1	196	1.467	−0.552	0.194	0.196	0.386	1	7
COM2	196	1.385	−0.935	0.194	0.798	0.386	1	7
COM3	196	1.399	−0.573	0.194	0.004	0.386	1	7
COM4	196	1.337	−0.002	0.194	0.075	0.386	1	7
IT1	196	1.613	−0.571	0.194	−0.043	0.386	1	7
IT2	196	1.600	−0.312	0.194	−0.516	0.386	1	7
IT3	196	1.529	−0.623	0.194	0.045	0.386	1	7
IT4	196	1.574	−0.332	0.194	−0.487	0.386	1	7
IT5	196	1.533	−0.707	0.194	0.206	0.386	1	7
IT6	196	1.598	−0.274	0.194	−0.330	0.386	1	7
IS1	196	1.665	−0.188	0.194	−0.668	0.386	1	7
IS2	196	1.471	−0.140	0.194	−0.495	0.386	1	7
IS3	196	1.458	−0.409	0.194	−0.401	0.386	1	7
IS4	196	1.443	−0.265	0.194	−0.238	0.386	1	7
IS5	196	1.501	−0.359	0.194	−0.395	0.386	1	7
IS6	196	1.607	−0.403	0.194	0.452	0.386	1	7
TS1	196	1.272	−0.411	0.194	0.521	0.386	1	7
TS2	196	1.258	−0.411	0.194	0.111	0.386	1	7
TS3	196	1.138	−0.399	0.194	−0.124	0.386	1	7
TC1	196	1.156	−0.558	0.194	0.462	0.386	1	7
TC2	196	1.403	−0.444	0.194	0.055	0.386	1	7
TC3	196	1.378	−0.515	0.194	0.182	0.386	1	7

正态性分布分析包括最大值、最小值、标准偏差、偏度、偏度标准误差、峰度标准误差和峰度六项指标。数据服从正态性分布的检验标准如下：偏度绝对值小于或等于 2、峰度绝对值小于或等于 5。本书问卷数据所有测量问项问卷数量均为 196 份，各个测量问项的峰度绝对值均小于 1，偏度绝对值小于 2。除此之外，各个测量问项的最小值均等于 1，最大值均等于 7。结果表明 196 份有效问卷数据均通过正态性分布的检验标准，可以进一步对问卷数据做实证分析。

2. 信度分析

信度分析即可靠性分析，信度分析也是检验效度的必要条件。它表示研究者采用同样方法以不同的形式反复测量相同或相似对象时所得结果的一致性或稳定性，研究中可以用相关系数来表示测量问项的信度。本书将 Cronbach's α 系数作为信度检验的测量指标，α 系数越大，表示测量误差越小，说明测量结果具有较高的一致性程度，表示信度也越高，说明测量结果是可信的。一般情况下，高信度的 Cronbach's α 系数应大于 0.9，可接受信度的 Cronbach's α 系数在 0.7~0.8；若 Cronbach's α 系数小于或等于 0.35 则应拒绝。本书采用 SPSS 25.0 软件对沟通、信息技术能力、信息共享、供应商信任关系和客户信任关系 5 个测量变量进行信度分析。本书各变量的信度分析结果如表 3-32 所示。

表 3-32　各变量的信度分析结果

变量	测量问项数	Cronbach's α 系数
沟通	4	0.829
信息技术能力	6	0.942
信息共享	6	0.935
供应商信任关系	3	0.817
客户信任关系	3	0.815

如表 3-32 所示，各变量的 Cronbach's α 系数分别为 0.829、0.942、0.935、0.817 和 0.815，均大于 0.8，表明沟通、信息技术能力、信息共享、供应商信任关系、客户信任关系的测量均具有良好的信度。因此，接下来可以对问卷数据进行效度分析。

3. 效度分析

效度可以用来反映测量问项对于测量内容的有效性和相符性。本书从内容效度分析、结构效度分析和区别效度分析三个方面进行效度分析，其中内容效度分析和结构效度分析是效度分析中的两个关键点。

1）内容效度分析

从概念上来看，内容效度即逻辑效度，表示问卷测量问项对测量目标和预期反应的适用性程度，即测量问项的相符性和贴切性，测量问项能否较好地代表测量目标。内容效度分析无法通过定量分析方法得到，主要通过定性分析方法得到。

本书中各个测量问项是在整理分析了大量相关文献的前提下设计而成的，各个变量的测试量表是基于国内外权威文献中多次采纳的成熟量表并结合我国国情和项目实施经验稍加修改得到的。沟通的测量采用 Shibin 等[252]和曾伏娥等[103]开发的量表；信息技术基础设施能力的问题设计参照 Tallon 等[253]的研究，信息技术管理能力的问题设计参照殷国鹏和陈禹[107]、Bassellier 和 Benbasat[254]的研究，信息技术与业务之间的关系能力的问题设计参照 Boynton 等[255]、Ross 和 Weill[256]的研究；信息共享的问题设计参考李随成和杨功庆[120]、曹玉玲和李随成[257]的研究；供应商信任关系的问题设计参考 Cai 等[238]的研究；客户信任关系的问题设计参考 Yeung 等[258]的研究。

另外，本书根据预调研的问卷测试结果对问卷的测量问项进行了适当的删减。因此，可以认为本书最终的正式调研问卷具有良好的内容效度。

2）结构效度分析

从概念上来看，结构效度即构想效度，表示测量结果与达到的理论结构之间的一致性程度，即实验结果是否与假设理论相对应，一般采用因子分析测量。结构效度分为内在结构效度和外在结构效度。

内在结构效度分析主要采用组合信度（composite reliability，CR）和平均方差抽取量（average variance extracted，AVE）两个测量参数，本书主要用这两个参数解释验证性因子分析结果。

（1）CR。CR 是用来检验测量模型收敛效度的一个指标，又称为建构信度。一般情况下，CR 值应该大于 0.7，其可以通过各个测量问项因子载荷的标准化值计算得到。其计算公式如下：

$$CR = \frac{\left(\sum \lambda\right)^2}{\left(\sum \lambda\right)^2 + \sum(\theta)} \tag{3-1}$$

其中，CR 表示组合信度；θ 表示测量问项的误差；λ 表示测量问项的因子载荷标准化值。

（2）AVE。AVE 是用来检验测量模型收敛效度的另一个指标。AVE 值越大，说明潜在变量具有越好的收敛效度，其可以通过各个测量问项因子负荷的标准化值计算得到。一般情况下，AVE 值应大于 0.5。其计算公式如下：

$$AVE = \frac{\sum \lambda^2}{n} \tag{3-2}$$

其中，AVE 表示平均方差抽取量；λ 表示测量问项的因子载荷标准化值；n 表示测量问项的个数。

如表 3-33 所示，各测量变量的验证性因子分析数据汇总如下。

表 3-33　验证性因子分析结果

变量	测量问项	因子载荷的标准化值	标准误差	T 值	P 值	CR	AVE
沟通	COM1	0.683	—	—	—	0.961	0.561
	COM2	0.817	0.116	9.896	***		
	COM3	0.873	0.126	9.786	***		
	COM4	0.590	0.111	7.447	***		
信息技术能力	IT1	0.803	—	—	—	0.986	0.723
	IT2	0.760	0.061	15.541	***		
	IT3	0.899	0.071	15.130	***		

续表

变量	测量问项	因子载荷的标准化值	标准误差	T 值	P 值	CR	AVE
信息技术能力	IT4	0.858	0.075	14.073	***	0.986	0.723
	IT5	0.888	0.073	14.848	***		
	IT6	0.886	0.076	14.675	***		
信息共享	IS1	0.859	—	—	—	0.988	0.703
	IS2	0.912	0.053	17.917	***		
	IS3	0.852	0.057	15.593	***		
	IS4	0.892	0.056	16.895	***		
	IS5	0.805	0.059	14.159	***		
	IS6	0.693	0.069	11.196	***		
供应商信任关系	TS1	0.765	—	—	—	0.961	0.541
	TS2	0.765	0.102	9.863	***		
	TS3	0.672	0.097	8.268	***		
客户信任关系	TC1	0.662	—	—	—	0.923	0.555
	TC2	0.779	0.208	7.081	***		
	TC3	0.788	0.206	7.257	***		

***表示 $P<0.001$

由表 3-33 可以知道，沟通、信息技术能力、信息共享、供应链企业间信任关系（包含供应商信任关系、客户信任关系）四个测量变量与它的测量问项之间的标准误差均大于 0，T 值足够大，P 值均小于 0.001，表明测量变量的因子载荷显著性水平较高，全部通过显著性检验。所有测量问项的因子载荷标准化值均在 0.5~0.95，满足因子载荷值的判别标准。另外，各测量变量的 CR 值均大于 0.9，符合 CR 检验的参数标准；AVE 值均大于 0.5，符合 AVE 检验的参数标准，说明所有测量变量具有较好的内部一致性信度和收敛效度。综合以上分析可以得到，本书提出的理论模型拥有较好的内在结构效度。

在经过验证性因子分析得到本书模型具有较好的内在结构效度后，还需要验证本书提出的理论模型是否具有较好的外在结构效度。一般情况下使用适配度进行评估，适配度是指理论模型与实际数据的拟合程度。适配度指数主要由绝对适配度指数、增值适配度指数和简约适配度指数组成。

χ^2/df、RMSEA（root mean square error of approximation，近似残差均方根）、GFI（goodness-of-fit index，拟合优度指数）等是测量检验绝对适配度指数的主要指标。χ^2/df 是指卡方自由度比，一般情况下，当 χ^2/df 值大于 1 且小于 3 的时候，代表理论模型与实际数据的拟合程度在可以接受的范围内。理论模型的适配度越好，RMESA 值越小，一般当 RMESA 值大于 0.05 且小于 0.08 的时候，代表理论模型适配较好；当 RMESA 值小于 0.05 的时候，代表理论模型适配理想。理论模型与问卷数据的契合度越高，GFI 值越接近于 1；如果 GFI 值接近 0.9，代表理论模型与问卷数据的适配度在可接受范围内。

IFI（incremental fit index，增值适配指数）、TLI（Tucker-Lewis index，Tucker-Lewis 指数）、CFI（comparative fit index，比较适配指数）等是测量检验增值适配度指数的主要指标。IFI 值一般情况下应大于 0.9。TLI 是指非规准适配指数，一般情况下其值应大于 0.9。CFI 值一般情况下应大于 0.9。

PNFI（Parsimony-adjusted normed fit index，简约调整后的规则适配指数）、PCFI（Parsimony-adjusted comparative fit index，简约调整后的比较适配指数）等是测量检验简约适配度指数的主要指标。PNFI 值的判别标准为大于 0.5，表示理论模型可以接受。PCFI 的判别标准与 PNFI 相同。

本书所提出的理论模型与问卷数据的适配度指数结果如表 3-34 所示。

表 3-34　理论模型适配度指数

统计检验量		适配的标准	检验结果数据	模型适配度判断
绝对适配度指数	χ^2/df	大于 1 且小于 3	2.121	是
	RMSEA 值	小于 0.08（良好）	0.076	是
	GFI 值	大于或接近 0.9	0.844	是
增值适配度指数	IFI 值	大于 0.9	0.936	是
	TLI 值	大于 0.9	0.923	是
	CFI 值	大于 0.9	0.936	是
简约适配度指数	PNFI 值	大于 0.5	0.744	是
	PCFI 值	大于 0.5	0.786	是

本书运用 AMOS 22.0 软件分析验证了理论模型与问卷实际数据的拟合程度，得到适配度指数结果如下：在绝对适配度指数检验方面，χ^2/df 为 2.121，低于最高适配标准，通过检验；RMSEA=0.076，低于最高适配标准，通过检验；GFI 值为 0.844，接近最低适配标准，通过检验。在增值适配度指数检验方面，IFI 值为 0.936，高于最低适配标准，通过检验；TLI 值为 0.923，高于最低适配标准，通过检验；CFI 值为 0.936，高于最低适配标准，通过检验。在简约适配度指数检验方面，PNFI 值为 0.744，高于最低适配标准，通过检验；PCFI 值为 0.786，高于最低适配标准，通过检验。

上述模型适配度指数均满足判别标准，通过检验，证明本书提出的理论模型与实际问卷数据具有一致性，同时也表明本书提出的理论模型具有较高的拟合程度和良好的适应性。

3）区别效度分析

从概念上来看，区别效度是指在采用相同问卷测量各个变量时，能够有效区分各个测量变量的效度，测量结果之间没有显著的相关性。区别效度的检验可以通过比较各测量变量间的相关系数和测量变量的 AVE 平方根的方法来判断。一般情况下，如果问卷数据有较好的区别效度，那么该测量变量的 AVE 平方根应高于该测量变量与其他测量变量间的相关系数。表 3-35 整理汇总了本书各测量变量的区别效度检验结果。

表 3-35　区别效度检验结果

变量	沟通	信息技术能力	信息共享	供应商信任关系	客户信任关系
沟通	<u>0.749</u>				
信息技术能力	0.435***	<u>0.851</u>			
信息共享	0.264*	0.511***	<u>0.839</u>		
供应商信任关系	0.577***	0.668***	0.504**	<u>0.735</u>	
客户信任关系	0.609***	0.633***	0.496**	0.573**	<u>0.745</u>
均值	4.983	4.708	4.217	4.927	4.770
标准差	1.424	1.577	1.568	1.221	1.323

***表示 $P<0.01$；**表示 $P<0.05$，*表示 $P<0.1$

注：对角线上面加下划线数值为测量变量的 AVE 平方根，对角线下面未加下划线数值为各测量变量间的相关系数

表 3-35 中，对角线上加下划线数值表示的是沟通、信息技术能力、信息共享、供应商信任关系和客户信任关系 5 个测量变量的 AVE 平方根，其他数值表示的是该测量变量与其他测量变量间的相关系数。由表 3-35 可知，各测量变量间的相关系数显著，且各个测量变量的 AVE 平方根均高于该测量变量与其他测量变量间的相关系数，各测量变量的均值和标准差也符合要求，均满足区别效度的判断标准，同时也说明本书的问卷数据具有很高的区别效度。

为了更清晰地看出各变量间的相关关系，本书利用 AMOS 22.0 软件对各测量变量间进行相关性分析，并整理出各测量变量间的相关系数和显著性水平。从表 3-35 的数据可以看出，沟通与信息技术能力、供应商信任关系、客户信任关系的相关系数分别为 0.435（$P<0.01$）、0.577（$P<0.01$）、0.609（$P<0.01$），表明沟通与这 3 个变量之间有非常显著的相关关系。信息技术能力与信息共享、供应商信任关系、客户信任关系的相关系数分别为 0.511（$P<0.01$）、0.668（$P<0.01$）、0.633（$P<0.01$），表明信息技术能力与这 3 个变量之间有非常显著的相关关系。信息共享与供应商信任关系、客户信任关系的相关系数分别为 0.504（$P<0.05$）、0.496（$P<0.05$），表明信息共享与这两个变量之间有显著的相关关系。供应商信任关系与客户信任关系的相关系数为 0.573（$P<0.05$），表明供应商信任关系与客户信任关系之间有显著的相关关系。但是，沟通与信息共享的相关系数为 0.264（$P<0.1$），表明沟通与信息共享在 10%的水平上有相关性。

3.3.6 假设检验结果

为了验证理论模型中的直接作用和中介作用，本书利用 AMOS 22.0 软件对理论模型进行路径分析，以判断问卷数据是否支持假设。假设检验的验证过程如下：一是检验理论模型中的主效应，即各测量变量间的直接作用检验，主要包括假设 3.1~假设 3.3。假设 3.1 即沟通、信息技术能力分别对供应商信任关系、客户信任关系有正向影响；假设 3.2 即沟通、信息技术能力分别对信息共享有正向影响；假设 3.3 即信息共享对供应商信任关系、客户信任关系有正向影响。二是检验理论模型中的中介效应，即测量变量的间接作用检验，主要包括假设 3.4，即信息共享这一变量的中介作用。对于中介效应的检验，本书采用 Bootstrapping 方法进行验证。

对于各测量变量间的主效应检验，表 3-36 显示了各测量变量间的标准化路径系数及其显著性。由表 3-36 中数据可知，沟通对供应商信任关系正向影响的标准化路径系数值 β=0.401，显著性 P<0.01，假设 3.1a 通过主效应检验。沟通对客户信任关系正向影响的标准化路径系数值 β=0.343，显著性 P<0.01，假设 3.1b 通过主效应检验。信息技术能力对供应商信任关系正向影响的标准化路径系数值 β=0.351，显著性 P<0.01，假设 3.1c 通过主效应检验。信息技术能力对客户信任关系正向影响的标准化路径系数值 β=0.417，显著性 P<0.01，假设 3.1d 通过主效应检验。综合上述分析结果，假设 3.1 全部通过主效应检验，即沟通、信息技术能力对供应商信任关系和客户信任关系均有显著正向影响。

表 3-36 主效应检验结果

假设	标准化路径系数值 β	非标准化路径系数	标准误差	CR	P	是否通过假设
假设 3.1a：供应商信任关系 <—沟通	0.401	0.368	0.074	4.967	***	是
假设 3.1b：客户信任关系 <—沟通	0.343	0.252	0.072	3.512	***	是
假设 3.1c：供应商信任关系 <—信息技术能力	0.351	0.254	0.060	4.257	***	是
假设 3.1d：客户信任关系 <—信息技术能力	0.417	0.240	0.057	4.230	***	是
假设 3.2a：信息共享<—沟通	0.052	0.073	0.112	0.656	--	否
假设 3.2b：信息共享 <—信息技术能力	0.488	0.541	0.091	5.933	***	是
假设 3.3a：供应商信任关系 <—信息共享	0.211	0.137	0.045	3.029	**	是
假设 3.3b：客户信任关系 <—信息共享	0.201	0.104	0.036 9	2.650	**	是

***表示 P<0.01，**表示 P<0.05，--表示 P>0.05

　　由表 3-36 中数据可知，沟通对信息共享正向影响的标准化路径系数值 $\beta=0.052$，显著性 $P>0.05$，假设 3.2a 未通过主效应检验。信息技术能力对信息共享正向影响的标准化路径系数值 $\beta=0.488$，显著性 $P<0.01$，假设 3.2b 通过主效应检验。综合上述分析结果，假设 3.2a 未得到支持，假设 3.2b 得到支持，即沟通对信息共享的正向影响并不显著，信息技术能力对信息共享有显著正向影响。

　　由表 3-36 中数据可知，信息共享对供应商信任关系正向影响的标准化路径系数值 $\beta=0.211$，显著性 $P<0.05$，假设 3.3a 通过主效应检验。信息共享对客户信任关系正向影响的标准化路径系数值 $\beta=0.201$，显著性 $P<0.05$，假设 3.3b 通过主效应检验。综合上述分析结果，假设 3.3 全部通过主效应检验，即信息共享对供应商信任关系和客户信任关系均有显著正向影响。

　　中介效应是间接效应。本书对于中介效应的检验，主要通过观察测量变量间间接效应在 95%置信区间内的取值范围和显著性。将 Bootstrapping 方法的实验样本量设定为 5 000，运用 AMOS 22.0 软件进行中介作用验证。本书测量变量间中介效应的检验结果见表 3-37。

表 3-37　中介效应的 Bootstrapping 分析结果

中介作用路径	Bootstrapping 估计值及置信区间			是否通过假设	中介作用
	直接效应	间接效应	总效应		
假设 3.4a	0.401**	0.011⁻	0.412***	否	部分中介
沟通-信息共享-供应商信任关系	[0.176~0.618]	[0.027~0.078]	[0.189~0.615]		
假设 3.4b	0.351**	0.103*	0.454***	是	
信息技术能力-信息共享-供应商信任关系	[0.132~0.556]	[-0.027~0.220]	[0.258~0.640]		
假设 3.4c	0.343**	0.010⁻	0.354**	否	部分中介
沟通-信息共享-客户信任关系	[0.080~0.628]	[-0.027~0.083]	[0.085~0.621]		
假设 3.4d	0.417**	0.098*	0.515***	是	
信息技术能力-信息共享-客户信任关系	[0.187~0.621]	[0.009~0.236]	[0.310~0.703]		

***表示 $P<0.01$，**表示 $P<0.05$，*表示 $P<0.1$，--表示 $P>0.05$

　　由表 3-37 可知，沟通对供应商信任关系的间接效应为 0.011（$P>0.05$），且在 95%置信区间下的取值范围为[-0.027~0.078]，取值范围中包含 0，表明信息共享在沟通与供应商信任关系间的中介作用并不显著，假设 3.4a 未通过中介效应检验。信息技术能力对供应商信任关系的间接效应为 0.103（$P<0.1$），且在 95%置信区间下的取值范围为[0.027~0.220]，取值范围中不包含 0，表明信息共享在信息技术能力与供应商信任关系间的部分中介作用显著，假设 3.4b 通过中

介效应检验。

由表 3-37 可知，沟通对客户信任关系的间接效应为 0.010（$P>0.05$），且在 95%置信区间下的取值范围为[-0.027~0.083]，取值范围中包含 0，表明信息共享在沟通与客户信任关系间的中介作用并不显著，假设 3.4c 未通过中介效应检验。

由表 3-37 可知，信息技术能力对客户信任关系的间接效应为 0.098（$P<0.1$），且在 95%置信区间下的取值范围为[0.009~0.236]，取值范围中不包含 0，表明信息共享在信息技术能力与客户信任关系间的部分中介作用显著，假设 3.4d 通过中介效应检验。

通过上述对理论模型中主效应和中介效应的检验和分析，得到如本书的研究假设内容和假设验证结果（表 3-38）。

表 3-38　假设结果汇总

序列	假设内容	是否通过假设
假设 3.1a	沟通对供应商信任关系有正向影响	是
假设 3.1b	沟通对客户信任关系有正向影响	是
假设 3.1c	信息技术能力对供应商信任关系有正向影响	是
假设 3.1d	信息技术能力对客户信任关系有正向影响	是
假设 3.2a	沟通对信息共享有正向影响	否
假设 3.2b	信息技术能力对信息共享有正向影响	是
假设 3.3a	信息共享对供应商信任关系有正向影响	是
假设 3.3b	信息共享对客户信任关系有正向影响	是
假设 3.4a	信息共享在沟通与供应商信任关系之间起中介作用	否
假设 3.4b	信息共享在信息技术能力与供应商信任关系之间起中介作用	是
假设 3.4c	信息共享在沟通与客户信任关系之间起中介作用	否
假设 3.4d	信息共享在信息技术能力与客户信任关系之间起中介作用	是

3.4　结果讨论

本节将详细讨论本章的研究结果，进一步深入研究沟通及信息技术能力对物流供应链企业间信任关系的影响作用机制，主要包括五个方面：沟通对物流供应链企业间信任关系的影响、信息技术能力对物流供应链企业间信任关系的影响、信息技术能力对信息共享的影响、信息共享对物流供应链企业间信任关系的影响和信息共享的中介作用。

3.4.1　沟通对物流供应链企业间信任关系的影响

在充分分析了沟通对物流供应链企业间信任关系的作用机理后，证实了任务型沟通和目标型沟通从供应商和客户两个方面显著地影响着物流供应链企业间信任关系。从这一研究结果可以看出，企业间沟通需要有自己的目标和任务，沟通不是简单地把信息传达，而是反馈、上下协同管理等，只有这样才能保证企业间沟通的有效性。

现代企业越来越重视沟通的作用，有效沟通在供应链管理中占据着重要地位。以往的相关研究提到的沟通方式主要是指面谈、电话、电子邮件等，但随着信息技术不断发展，企业间的沟通主要涉及社交媒体工具，如微信、QQ、钉钉等社交媒体工具，使得物流供应链企业间的员工之间可以随时随地进行沟通，方便及时解决出现的各种问题和交流需要的信息。

沟通的内涵可以体现为沟通内容的实用性和范围、沟通交流的形式等，广泛有效的信息沟通机制是保证建立物流供应链企业间信任关系的重要基础，可以有效地促使各企业建立共同的目标，并一起为之奋斗。沟通的主要内容可能涉及战略层和管理层等不同层面的信息，如彼此未来的发展规划和目标、合作时必须履行的义务和工作职责等，这些均是为了减轻物流供应链其他企业的不信任感。经过一段时间的相互了解和业务合作，双方的信任关系慢慢建立，沟通频率和强度也会增加，进而促进信任机制的形成，从而扩展彼此间的业务，使各企业达到双赢。

3.4.2　信息技术能力对物流供应链企业间信任关系的影响

在充分分析了信息技术能力对物流供应链企业间信任的作用机理后，证实了信息技术能力能够从供应商和客户两个方面同时正向作用于物流供应链企业间信任关系。完备的信息技术基础设施能力是企业信息技术能力的先决条件，先进的信息技术管理能力是企业信息技术能力的核心能力，有效地利用信息技术处理业务是企业信息技术能力的体现。从这一研究结果可以看出，物流供应链企业应当借助当下先进的信息技术提高这三个方面的能力，帮助供应链企业间建立良好的信任关系。

物流供应链企业间既有合作又有竞争，企业间建立良好的信任关系尤为重要。随着信息技术的不断发展，物流供应链企业可以利用区块链技术、5G技术等，加强自身的信息技术能力，从而帮助企业与供应链成员建立良好的信任关系。企业可以通过以下三个方面促进企业间信任关系的形成。

（1）供应链成员选择阶段。企业可以通过门户网站和搜索引擎选择意向合作企业，双方最初的评价信息可以通过互联网和交易市场获得，企业拥有一个一应俱全的门户网站是基本条件。

（2）与供应链成员初步合作阶段。在合作初期，供应链成员间会彼此不信任，实行合同制管理，但是为了增强企业间彼此的信任度，双方会提前做好风险防范准备。例如，双方明确违约责任方、通过信息系统实时查看合同任务的执行进度，以达到降低风险的目的。在与供应链成员初步合作时，充分将信息技术与合同管理相结合可以促进信任关系的建立。

（3）与供应链成员长期合作阶段。为了避免新成员加入带来的损失，供应链企业对信息技术能力的投资具有较高的资产专用性，如建立标准化的信息系统，供应链成员不敢随意更换信息系统或者退出供应链。在这一阶段，企业对信息技术能力的投资不但提升了供应链信息化水平，而且进一步巩固了物流供应链企业间信任关系。

3.4.3　信息技术能力对信息共享的影响

在充分分析了信息技术能力对信息共享的作用机理后，证实了信息技术能力对信息共享有显著的正向影响。从这一研究结果可以看出，物流供应链企业如果可以提高自身信息技术能力，顺应信息技术的发展潮流，将会帮助物流供应链企业间实现信息共享。

信息技术是企业间实现信息共享的必要条件和关键影响因素，而一个企业信息技术能力的强弱表现在它对信息技术重要性的认识上，显然，信息技术能力决定着信息共享的内容、形式和时间。完备的信息技术基础设施能力保障了企业可以应用一些信息系统，是应用信息技术的基础，企业间可以通过信息系统及时、准确地共享或者查找所需信息，如企业资源计划系统、电子数据交换系统等。信息技术管理能力主要是指企业对信息技术基础设施的管理能力，可以保障信息系统的正常运行，能够实现企业间的有效沟通和合作，提高信息技术应用程度和管理技能，从而促进信息交流频率和强度的提高。信息技术与业务之间的关系能力作为一种隐形能力资源为企业内部或者企业间的信息共享扫清了障碍。

信息技术能力的各个维度可以分别从不同方面影响企业间的信息交流与共享。因此，物流供应链企业可以通过以下两个途径提高信息技术能力：一是加强对信息技术基础设施重要性的认识和重视基础设施建设，二是增强企业内部的组织资本，提高企业管理信息技术应用的能力，不断深化物流供应链企业间在作业层、管理层、战略层的信息共享程度。综上所述，物流供应链企业的信息技术能力对信息共享具有积极的正向促进作用。

3.4.4　信息共享对物流供应链企业间信任关系的影响

在充分分析了信息共享对物流供应链企业间信任关系的作用机理后，证实了信息共享从供应商和客户两个方面对物流供应链企业间信任有显著的正向影响。从这一研究结果可以看出，物流供应链企业间可以通过共享作业层、管理层、战略层的信息建立良好的信任关系。

在利己主义的影响下，企业为获得自身利益最大化，同时为了避免自身企业信息泄露，往往会选择信息不共享。从短期利益来看，信息不共享可以提高企业自身利益，维护企业的核心竞争力，有效避免企业核心信息的泄露。但是从长期利益来看，信息不共享会降低整体物流供应链企业的利益。物流供应链企业如果长期处于信息闭塞的环境，其所能获取的信息越少，面临的不确定风险越大，供应链整体风险也越大，这将不利于企业间的合作和维持物流供应链企业间信任关系。在信息共享、信息不共享的博弈中，企业都会陷入"囚徒困境"，每个企业都想用最少的信息获取最大的利益。如果其中一个企业选择信息不共享，而依旧从供应链上的其他企业处获取信息，那么企业间原有信息共享的平衡状态将被打破，企业间将放弃彼此间的合作关系，整条供应链的信任关系将会破裂。

如今，面对日益激烈的市场环境和不断发展的信息技术，物流供应链企业越来越重视企业信息信息化，一个企业掌握的信息越多，越能做出更加准确的决策，进而促进企业间达成合作。物流供应链企业间要想建立起良好的信任关系，就要敢于将自己的信息共享给合作企业，实现真正意义上的信息共享。为了防止共享信息泄露，物流供应链企业间可以通过技术手段加强信息安全建设，建立健全有关信息安全的管理制度，制订共享信息泄露追责方案。

3.4.5　信息共享的中介作用

在充分分析了信息共享在信息技术能力和物流供应链企业间信任关系的中介作用后，证实了信息共享在信息技术能力与物流供应链企业间信任关系之间有显著的中介作用。从这一研究结果可以看出，信息技术能力对物流供应链企业间信任关系的正向影响一部分来源于信息技术能力的直接作用，另一部分来源于物流供应链企业间可以通过信息技术能力实现信息共享来间接促进企业间建立良好的信任关系。

物流供应链企业间信任关系的建立会提高供应链整体的利益和竞争力，而信任关系的维持是一个持续强化的过程。为了保护核心信息，长期合作的物流供应链企业会加大对信息技术的投资，建立属于自己的供应链信息管理系统，这关系到各企业变更组织架构和重组业务流程，各企业对该供应链信息系统有较高的依赖性，因此，企业对信息技术的投资不仅提升了自己的信息技术能力，而且增加了企业间信息交流的可靠性，促使企业间实现信息共享。在改善企业信息共享的同时，标准化的信息技术也将供应链上的各个企业紧密联系在一起，供应链企业可以通过一个信息共享平台进行信息交流，如采购计划、库存情况、销售计划等，这将进一步巩固物流供应链企业间信任关系。

3.5　本章小结

在理论框架部分，本章首先对物流供应链企业间信任关系影响因素的相关文献进行总结和综述，指出现有研究的不足；其次，确定研究方法和技术路线等；最后，对本书的理论基础进行简单阐述，围绕信息协同中沟通、信息技术能力、信息共享和物流供应链企业间信任关系四个研究变量搜集文献，进行相关理论基础分析，从而提出具体的研究假设，建立物流供应链企业间信息共享与信任关系的理论模型。

在实证分析与模型检验部分，首先在前人研究成熟量表的基础上，根据实际情况选取适合测量各个变量的量表，形成本章的初始问卷。其次，为了保证问卷题项的科学性与严谨性，在正式调研前先进行问卷预测试分析。最后，进行广泛的问卷调研、处理相关数据，在对问卷数据进行处理前，先介绍正式问卷收集数据来源，保证问卷数据的可靠性，同时分析问卷数据的基本特征，确保问卷数据填写的科学性，并检验数据的共同方法偏差，为后期的验证性因子分析做铺垫，后以 SPSS 25.0 软件和 AMOS 22.0 软件为工具对研究假设进行验证，检验理论模型的路径可行性，验证各个变量之间的直接效应和间接效应。

在研究结果讨论部分，梳理总结本章的实证分析结果，归纳最终的研究结论，并根据物流供应链企业间信任关系的实际情况，为后面章节针对每一个研究结论详细阐述企业未来如何提升企业间信任关系奠定基础。

第4章 物流供应链企业间信任关系形成机理分析

本章对物流供应链企业间信任关系形成的机理进行研究分析，第 3 章的研究表明，信息协同是物流供应链企业间信任关系传导的基础保障，因此，本章研究的脉络为依次对物流供应链企业间信息协同和信任关系的影响因素、维度划分和作用路径进行研究，深入探究物流供应链企业间信任关系形成的机理。在分析中，主要采取文献总结和理论分析相结合的方式，并通过 CiteSpace 软件进行统计分析，寻找并总结信息协同与信任关系的影响因素。

4.1 信息协同形成机理分析

4.1.1 物流供应链企业间信息协同的影响因素

本部分归纳总结供应链企业间信息协同的影响因素。为保证结论的科学性和权威性，本书基于学术研究中最广泛的共识，从文献出发，运用 CiteSpace 软件进行统计分析，梳理学者普遍强调的影响因素，并对其进行分类总结。

1. 数据来源

文献数据源自中国知网，为保证文献质量，检索的文献来源设置为"SCI 来源期刊、EI 来源期刊、北大核心和 CSSCI"。影响供应链信息共享的方式、路径、手段具有多样性和具体性，文献中可能并未直接点明是影响因素，而是运用更加具体和细化的表述，因此以"供应链""信息"为检索词，提高检索结果的客观性和全面性，同时设定检索范围为"摘要"，检索时间段为"1990–2021 年"，共检索得到 773 条记录，运用 CiteSpace 5.8 R2 软件进行分析。

2. 按照关键词频次提取供应链企业间信息协同的影响因素

选择"关键词"作为可视化检测节点，通过 CiteSpace 5.8 R2 软件对检索结果进行分析得到供应链企业间信息协同关键词共现图谱。

为更加直观地展现关键词的相对重要程度，表 4-1 以关键词出现频率为顺序汇报了频率排名前 15 的关键词，并且通过 CiteSpace 软件对其中心性进行计算，并且是通过关键词出现的频率和关键词之间联系的强度综合计算得出，总体上与频率高度正相关。

表 4-1　信息协同关键词频率与中心性

序号	分类	关键词	频率	中心性
1	主题	信息共享	299	0.65
2	主题	供应链	242	0.68
3	成本收益	"牛鞭效应"	41	0.43
4	成本收益	博弈	38	0.18
5	机制	激励机制	26	0.08
6	机制	协调	12	0.08
7	技术	"互联网+"	12	0.13
8	主题	协同	11	0.1
9	机制	机制设计	11	0.1
10	信任	信任	10	0.02
11	成本收益	信息风险	10	0.14
12	机制	VMI[1]	10	0.08
13	技术	区块链	9	0.06
14	成本收益	绩效	9	0.01
15	主题	双渠道	7	0.04

1）VMI：vendor managed inventory，供应商管理库存

根据表 4-1 的关键词，本书将排名前 15 的关键词分为以下类别：第一，主题，包括信息共享、供应链、协同、双渠道，明确了讨论话题的范围；第二，技术，包括"互联网+"、区块链；第三，成本收益，既包括进行信息协同的成本，也包含不进行信息协同的机会成本，也就是信息失调所带来的损失，包括"牛鞭效应"、博弈、信息风险、绩效；第四，机制，包括激励机制、协调、机制设计、VMI；第五，信任，即企业间信任关系，包括信任。因此本书认为，技术、成本收益、机制、信任是影响供应链企业间信息协同的主要因素。

运用 CiteSpace 软件还可以对关键词共现图谱进行聚类分析，并以关键词命名聚类，根据所含对象的多少将聚类排序，结果表明聚类中所含对象均大于 12，

Silhouette 值均大于 0.95，聚类结果是可信的。

根据聚类结果，在排除主题词之后，每一个聚类也可以大体对应到上文通过关键词所总结的影响因素之中。技术因素对应了"#6 物联网""#11 区块链"等聚类，成本收益因素对应了"#3 信息失真""#5 牛鞭效应"等聚类，机制因素对应了"#2VMI""#4 激励"等聚类，信任因素对应了"#9 信任"聚类。

3. 阶段性研究前沿分析

关键词突现反映了某一时间段内的研究热点，Strength 表示突现强度，数值越大说明研究的关注度越高。在供应链企业间信息共享的关键词分析中突现强度排名前 7 位的关键词按照时间依次为电子商务、"牛鞭效应"、激励机制、绩效、"互联网+"、合同设计、区块链等。其中，"互联网+"、区块链对应了技术因素，"牛鞭效应"、绩效对应了成本收益因素，激励机制、合同设计对应了机制因素。根据各因素关键词突现强度分析可知，"牛鞭效应"作为信息失调问题的核心理论，出现时间最早，持续时间较长，激励机制在 2008 年之后开始得到重视，机制因素开始被强调。近年来，随着科技的发展，学者越来越强调"互联网+"、区块链等技术因素的影响，其中区块链的突现强度为 5.13，自 2019 年开始成为物流供应链管理领域的研究热点，目前依然是物流供应链管理领域广泛研究的对象。

4. 信息协同影响因素总结

根据上文对文献的挖掘，结合企业在供应链协同中的实践，本书将影响供应链企业间信息协同的因素总结如下。

1）技术

技术是信息协同的物质基础，起到决定性的作用。工业革命之前，信息传播媒介较为落后，企业没有能力进行大规模的信息协同。随着科技的发展，人类在 20 世纪中后期进入信息革命时代，随着互联网等技术的应用，信息协同的深度扩展到前所未有的程度，信息协同也成为学术界重点研究的内容。大数据和万物互联的时代，为信息协同提供了新的技术工具，为信息协同产生质变提供了契机。

2）成本收益

技术能力为信息协同提供了前提条件，而企业是否有意愿利用先进的信息技术实现信息协同，则直接决定了信息共享的程度。成本收益因素是影响企业贡献信息的最为直接的因素，追求利润最大化的企业必须将信息协同的成本纳入决策之中。这里边有两方面含义：一是维持和分享信息所耗费的人力和物力成本，尤其是在信息的录入和维持主要依靠人工的时候，对企业而言是巨大的成本，此外还需要提高企业信息共享的积极性，协调信息共享中的利益冲突，保证信息安全，防止信息泄露等；二是信息失调的机会成本，即分享信息对企业利润损失的弥补，或能够给企业带来的好处，当这一好处足够大时，企业贡献信息的相对成本较低。

3）机制

机制是指将企业信任协同纳入稳定的制度安排之中，形成一种行之有效的奖惩体系，使得企业根据惯例或者成本收益的激励主动分享信息，进行信息协同，如根据法律法规或者行业惯例，要求企业必须分享某些信息，进行信息协作等。

4）企业间关系

企业间关系也是影响信息协同的重要因素，企业的信任程度，企业是否存在联盟关系，企业是否建立了紧密的利益共同体，都对企业分享信息的主观意愿产生影响；企业之间是否遵循相似的信息处理和呈现方式，是否能够顺畅传递信息，也是影响信息协同的重要方式。

4.1.2　物流供应链企业间信息协同维度划分

供应链中的信息分享类别多样，划分维度也多样，信息协同的质量、内容、类别和程度均可以用来划分信息分享类别。其中信息协同的内容更为重要，主要采取以下几个划分标准。

Bensaou 将信息划分为以下维度：①生产排产信息；②生产排产变动信息；③设计数据信息；④工程变化信息；⑤质量信息；⑥送货信息；⑦成本信息[113]。张晴和刘志学将信息划分为内部信息和外部信息[259]。Seidmann 和 Sundararajan 将信息划分为以下维度：①订单处理信息；②作业信息；③策略性信息；④竞争性信息[260]。Ashkenazy 将信息划分为以下维度：①顾客信息；②供应信息；③库存信息[261]。叶飞和李怡娜将信息划分为以下维度：①作业信；②财务信息；③策略信息[262]。Li 等将信息划分为以下维度：①交易信息；②运作信息；③战略信息[263]。Gao 等将信息划分为以下维度：①订单信息；②生产状态；③生产计划；④预测信息[264]。Syntetos 和 Babai 将信息划分为以下维度：①层级信息；②位置信息；③产品信息；④时间信息[265]。

4.1.3　物流供应链企业间信息传递的作用路径

对于在供应链传递时信息不断失真放大的"牛鞭效应"，Lee 等进行了总结与分析，发现共包括如下几方面原因：第一，批量订单；第二，市场需求预测；第三，配给和短期博弈；第四，价格波动[57]。有学者提出了对"牛鞭效应"产生重要影响的因素，具体包括交换库存信息和共享销售数据。此后，学者通常强调信息共享对供应链整体利益的促进作用，如 Gavirneni 等研究了两级供应链模型中的库存问题，共分为三种情境：一是无信息共享，二是部分信息共享，三是完全信息共享[64]。研究发现信息共享是最为有效的一个必要条件，可获得更大的价值。但由于内部利益分配不合理，企业往往难以达到充分的信息共享，即使信息共享能够提升整体供应链的效益，也会由于内部利益问题而难以达到充分共享。Lee等建立了二级供应链的数理模型，证明在需求信息不确定的前提下，在供应链中共享关于市场需求的信息可以削弱整个供应链中的"牛鞭效应"，但是原本就掌握该信息的零售商无法在这一信息共享中获益，因此没有充分动机共享信息[60]。此外，融资约束是影响企业经营的重要因素，而由于金融中介缺乏足够信息，往往给中小企业的贷款相对不足[266]。

结合上述文献，本书认为信息协同可以通过以下渠道优化供应链协同管理。

（1）信息协同有助于加强供应链内企业的匹配与工序的衔接，提高供应链的整体运行效率。在供应链中，分工和寻找合适的合作伙伴均需要充分的信息，才能够达到分工与协作的最佳匹配，只有为供应方匹配到最为合适的销售方，或者针对不同产品的特征选择最为合适的物流配送方式，以及为产品选择最佳的消费人群，才能最大效率地实现供应链协同，而信息协同是实现这一目标的关键。

（2）信息协同有助于供应链内全部企业及时掌握市场信息，防止信息失真对生产产生扭曲。由于需求信息存在巨大的不确定性，而这一信息在供应链企业之间的传递具有失真和缺陷，那么必然会产生需求波动的放大化和扭曲，并且在供应链中层层放大，这一现象被称为"牛鞭效应"。只有供应链各个节点的企业提升信息共享的水平和效率，才可以最大限度地减少"牛鞭效应"的负面影响。

（3）信息协同有助于协调具有不同信息资源企业之间的利益，实现整体利益的改进。在信息不完备和信息不对称条件下，一方面，掌握较多信息的企业可能利用信息优势侵害其他企业利润，另一方面，只有信息缺乏的企业才更需要信息分享，而本来就掌握较多信息的企业，如消费端的企业，分享信息的边际收益小于整个供应链边际收益的改善，致使其分享信息的动机不高。信息协同的提升，有助于充分协调上述利益冲突，实现整体的帕累托改进。

（4）信息协同有助于向外界释放有效信息，提高信贷可获取能力。我国企业的融资方式以间接融资为主，银行成了企业外部融资的重要来源，而银行必须充分了解企业的资产状况、经营状况。当供应链中信息获取能力较弱时，银行出于规避风险的考虑惜贷，企业会面临更大的融资约束问题，尤其对于中小企业而言，信贷起不到"雪中送炭"的作用。只有高效透明的信息协同，才能解决信息不完备造成的融资约束。

（5）信息协同有助于配合监管机构的监督管理，保证供应链的协调高效运行。供应链的协调高效运行必须以有效的政府监管为支撑，但是在信息不对称的条件下，监管机构在获取信息上面临巨大成本。在供应链的构成日益复杂的情况下，如果不能对生产的各环节进行有效的溯源，也难以划分责任认定，带来整个链条的"搭便车"和滥竽充数。高效的信息协同可以有效解决信息获取难题，提高问题产品溯源的可能性，从而有助于监管机制高效运行，为供应链协同提供有力的制度支撑。

4.2　信任关系形成机理分析

4.2.1　物流供应链企业间信任关系的影响因素

本部分归纳总结物流供应链企业间信任关系的影响因素。为保证结论的科学性和权威性，本书基于学术研究中最广泛的共识，从文献出发，运用 CiteSpace 软件进行统计分析，梳理学者普遍强调的影响因素，并对其进行分类总结。

1. 数据来源

影响供应链中各个主体间信任的方式、路径、手段多种多样，文献中可能并未直接点明是影响因素，因此以"供应链""信任"为检索词，同时设定检索范围为"摘要"，检索时间段为"1990–2021 年"，共检索得到 404 条记录，运用 CiteSpace 5.8 R2 软件进行分析。

2. 按照关键词频次提取供应链企业间信任关系的影响因素

为直观地展现关键词的相对重要程度，表 4-2 以关键词出现频率为顺序汇报了频率排名前 15 的关键词，以及关键词对应的出现频率和中心性指标。

表 4-2　信任关系的关键词频率及中心性

序号	分类	关键词	频率	中心性
1	主题	供应链	139	0.66
2	主题	信任	66	0.38
3	关系	关系资本	29	0.33
4	技术	区块链	27	0.13
5	信息共享	信息共享	24	0.41
6	其他	食品安全	8	0.03
7	机制	制度信任	8	0.02
8	合作特征	绩效	8	0.08
9	合作特征	产业集群	7	0.02

续表

序号	分类	关键词	频率	中心性
10	机制	信任机制	7	0.13
11	信息共享	知识共享	7	0.05
12	合作特征	合作绩效	6	0.03
13	其他	供应商	6	0.19
14	合作特征	演化博弈	6	0.04
15	其他	中小企业	6	0.01

根据表 4-2 的关键词，本书将排名前 15 的关键词分为以下类别：第一，主题，包括供应链、信任，明确了讨论话题的范围；第二，关系，包括关系资本；第三，合作特征，如合作绩效、合作经验和紧密度等，包括绩效、产业集群、合作绩效、演化博弈；第四，机制，包括制度信任、信任机制；第五，技术，包括区块链；第六，信息共享，包括信息共享、知识共享；第七，其他，指与影响因素无关的关键词，包括食品安全、供应商、中小企业。因此本书认为，关系、合作特征、机制、技术、信息共享是影响供应链企业间信任关系的主要因素。

运用 CiteSpace 软件可以对关键词进行聚类分析，并以关键词命名聚类，根据所含对象的多少将聚类排序，结果显示聚类中所含对象均大于 11，Silhouette 值均大于 0.9，聚类结果是可信的。

根据聚类结果，在排除主题词之后，每一个聚类也可以大体对应到上文通过关键词所总结的影响因素之中。关系因素对应了 "#2 关系质量" "#5 伙伴关系" 等聚类；合作特征对应了 "#4 信誉" 聚类；机制因素分散在各聚类中，对应了 "#6 制造商" 聚类中的 "制度信任"，以及 "#8 智能合约" 聚类中的 "信任机制" 等关键词；技术因素对应了 "#7 区块链" "#8 智能合约" 等聚类；信息共享因素对应了 "#3 信息共享" 聚类。

3. 阶段性研究前沿分析

关键词突现反映了某一时间段内的研究热点，Strength 表示突现强度，数值越大说明研究的关注度越高。在供应链企业间信任关系的关键词分析中突现强度排名前 9 位的关键词按照时间依次为关系资本、信任机制、实证研究、绩效、食品安全、影响因素、区块链、演化博弈、智能合约。其中，关系资本对应了关系因素，信任机制对应了机制因素，绩效、演化博弈对应了合作特征因素，区块链、智能合约等对应了技术因素。根据各因素关键词突现强度分析可知，关系资本、信任机制出现时间较早，证明学界较早关注了关系因素和机制因素对信任协同的影响，随后开始强调绩效等合作特征变量对信任关系构建的影响，随着信息技术的发展，区块链、智能合约等技术因素成为研究热点。其中，区块链的突现强度为 12.64，位列第一，自 2018 年开始成为研究热点，目前仍然是学界的关注重点。

4. 信任关系影响因素总结

根据上文对文献的挖掘，结合企业在供应链协同中的实践，本书认为，关系、合作特征、机制、技术、信息共享是影响供应链信任关系的主要因素。

1）关系

大量实证研究证明，关系资本作为一种无形资产，对降低交易成本、构筑企业信任具有重要作用。例如，企业的股东、高管、技术人员之间具有私下的关系，或者共同的价值观和商业理念，他们之间的信任可以起到润滑剂的作用，对合作伙伴的行为可以进行稳定的预测，达成共同的行为目标，从而提高相互的信任关系。

2）合作特征

合作特征变量包括合作企业的经营绩效、与企业合作所产生的绩效、以往的合作经历等。绩效与企业声誉直接挂钩，企业声誉是企业在社会与公众中的形象，作为一种无形资产，成为企业的名片和保障。企业声誉的构建需要投入巨大的固定成本，一旦企业出现违法失信行为，声誉的价值会受到较大贬损，因此声誉本身就可以作为一种可信的承诺。此外，声誉也是企业行为的历史记录，由过去推断未来，可以对企业形成稳定的预期，因此企业声誉有助于构筑企业之间的信任关系。以往的合作经历也是构筑信任的基本特征变量，既包括双方的合作持续时间，也包括过往交往中的信息发现，如对合作伙伴能力的认知，对合作伙伴目标和价值观的认同等，合作经历越多，双方就会越了解，从而产生信任关系。

3）机制

正式制度作为约束企业行为的根基，有助于产生有效的奖惩机制和稳定的社会规范价值，从而保证企业行为的合规性和可预测性，在安全高效的法治环境下，企业更容易产生信任关系。

4）技术

传统的供应链协同中，技术能够畅通企业间信息分享、促使支付行为自动执行，从而构筑企业间信任关系。此外，阿里巴巴、淘宝等互联网平台在金融和资金层面构筑了企业之间、企业和消费者之间的信任。随着区块链技术的兴起，分布式记账、智能合约等技术的发展，技术对信任关系的影响发生了更深层次的变化，逐渐由对企业和制度的信任，转移到对技术本身的信任。

5）信息共享

企业共享信息能够部分解决信息不对称和信息不完备问题，使得合作伙伴对本企业的认知更加充分，信任也更加牢固。

4.2.2 物流供应链企业间信任关系维度划分

根据不同维度和特征，可以对信任关系进行不同的分类。Zucker 将其划分为个人信任关系和制度信任关系两种类型[267]，Borg 将信任关系划分为强信任关系、半信任关系和弱信任关系三种类别[268]，Wang 等对信任关系进行了划分，共包括意愿信任关系、能力型信任关系、契约信任关系等三种[269]。刘永胜通过一系列研究后对信任关系进行了划分，共包括情感型信任关系与认知型信任关系、契约信任关系三种[75]。马胡杰等将信任关系划分为企业间信任关系和企业间的人际信任关系两个类别[76]。本书认为 Sako 和 Helper[98] 的分类标准比较契合供应链协同的语境，可以分为以下几类。

1. 契约型信任关系

法律和制度的强制执行是这类信任关系的重要保证：①法律，通过企业经营与合作的相关法律来保证企业之间合作关系的运行，取决于地区法律的完善程度和执法的效率；②制度，一定的社会规则可以保证企业合作在规定的框架之内进行，包括各种行业的规则、标准、认证等；③强制，由于害怕未履约受到惩罚而保证合作的运行，属于一种强制性的奖惩机制下达成的信任关系。

2. 能力型信任关系

能力型信任关系是指根据合作伙伴的能力而产生的对其的信任关系，包含以下因素：①特征，就是对企业生产能力、成本控制能力、创新能力、偿债能力、发展能力等的综合评定，预期与企业合作可以获得的合理后果而产生的信任；②角色，供应链中不同企业扮演着不同的角色，关于企业能否履行其角色，也会产生信任关系；③技术，企业采取的技术措施所带来的信任，如第三方支付平台等；④经济，企业相信达成合作可以产生良好的经济后果，因而产生信任关系。

3. 意愿型信任关系

意愿型信任关系是指企业主观上所采取的信任态度，受到文化、经验、习俗等各种因素的影响：①相似性，文化制度环境、组织形式、经营理念等方面相似的企业，更容易形成信任关系；②经验，企业在长期合作之中，根据以往的合作经验所形成的信任关系；③规律，当企业所采取的行为具有规律性，能够被预测时，容易形成信任关系；④意图，当企业的经营合作意图能够被清楚理解时，容易形成信任关系；⑤认知，单纯通过对合作伙伴的印象而产生的信任关系；⑥允诺，口头承诺或者书面承诺所带来的信任关系。

4.2.3　物流供应链企业间信任关系传导的作用路径

对信任关系问题的研究主要分为以下理论：一是信息不对称理论，Greenwald 等研究了信息不对称问题，认为在市场经济环境下，作为经营主体的企业掌握信息的能力存在差异，掌握较多信息的企业相对于掌握信息较少的企业处于信息优势地位，从而获得超额利益，这带来企业间的不信任关系[55]；二是交易成本理论，Coase 提出了交易成本[270]，Williamson 认为资产的专用性是产生交易成本的重要原因，当企业投资具有关系专用性的特征时，其在第三方处无法发挥最大价值，率先进行投资的企业就会被合作方"敲竹杠"，交易成本造成企业之间的不信任关系[271]；三是博弈论，区别冯·诺依曼的"合作博弈"，纳什（Nash）开创了非合作博弈[272]，非合作博弈下的纳什均衡，可能产生"囚徒困境"，进而助长了企业之间的猜疑，多次博弈下企业有可能形成稳定的信任关系。

根据上述理论，本书总结了信任关系对供应链协同的作用渠道。

（1）降低信息不对称。信息不对称理论的关键在于企业之间掌握的信息资源并不均衡，信息技术的发展虽然极大提高了所有企业的信息获取量，但是信息资源分布的差距反而更大了。在信息不对称的条件下，掌握优势的企业有激励隐藏信息，处于信息劣势的企业则投鼠忌器，即使两者都有意愿达成合作，也会因为信息不对称而出现合作的低效率，因此信任程度的提升有利于降低企业之间的信息不对称，使得具有信息差异的交易双方开诚布公，达成合作。

（2）减少交易成本。交易成本有别于企业内部成本，指企业之间的交易所产生的成本。威廉姆森等制度经济学派学者强调专用性投资带来的"敲竹杠"问题和机会主义问题，企业出于规避风险的考虑而扩大外部交易成本，甚至会产生"囚徒困境"。信任关系的培养有助于打破"囚徒困境"，减少机会主义的产生及企业之间的猜疑与顾忌，从而减少交易成本。

（3）减少产业链的不确定性。产业链的协同需要有稳定的供需关系和合作伙伴关系，从而保持稳定的生产状态，当合作关系破裂时，寻找新的合适的合作伙伴需要巨大的选择成本和时间，在牵一发而动全身的供应链关系中，任何微小的波动都会被放大，信任关系可以降低这一内部冲击对产业链的影响。

（4）弥补正式制度的缺陷。企业的信任关系受到契约关系的约束，只有对违约行为产生有效率的惩罚，才能够建立契约型的信任关系，但能否真的建立有效的奖惩机制，取决于正式制度的质量。对产权的保护力度，对契约的执行效率，均可能影响这一机制的发挥，在正式制度失灵的时候，非正式制度可以起到有效的补充，信任关系作为一种最为重要的非正式制度，通过价值观和习俗的方式有效保证供应链内企业合作的达成。

（5）促进维护共同利益。供应链协同管理的主要目的是获取最大利益，如此对于企业提出了更高的要求，需要具有协调的行动与统一的目标，当企业之间缺乏信任时，由于担心其他企业不会进行足够的付出而产生"搭便车"的现象，企业也没有充分激励来实现总体利益，从而导致供应链协同的失败，信任关系的构建有助于解决这一问题，形成共同的信念和统一的目标，促进供应链利益的最大化。

4.3　信息协同和信任关系交互作用分析

企业间信任关系为企业间信息协同提供了良好的发展基础，但是信任关系并不能直接提高企业间信息协同的水平，企业间信息协同的实现有赖于供应链上各节点企业的信息共享、共同决策和形成激励联盟的行为。信息共享能直接促进企业间信息协同，但是如果没有企业间信任关系作为基础，信息共享的数量和质量都将大打折扣，因此难以提高物流供应链协同水平，故企业间信任关系和信息共享存在交互作用，两者共同作用对物流供应链协同管理更为有效。

Moorman 等将信任分为两类，一类是基于对伙伴能力、专长、可靠性而产生的信任，另一类是信任伙伴的意愿和倾向[273]。与 Moorman 等[273]的划分维度类似，叶飞等将信任划分为能力信任和情感信任，能力信任源于对被信任者技能、专业能力的信任，是相信对方有能力不采取机会主义行为或者采取协同措施，情感信任源于伙伴特性的信任，如双方在行业、地区、企业文化、企业目标等方面具有共性，建立在双方共性之上容易产生情感上的认同和依赖，伙伴之间有意愿考虑对方的经济利益，同时也相信对方会顾及自己的利益诉求[88]。刘胜春和阮萍提出信任在企业间"关系"因子对供应链信息共享的影响中起中介作用[274]。

信息共享是供应链上各企业交流和分享交易信息、企业运作信息。"牛鞭效应"会导致供应链资源浪费和效率抵消，信息共享是降低"牛鞭效应"的重要途径。信息共享不同于企业间沟通。沟通在供应链企业合作关系中代表的是一种非正式的、比较广泛的信息交流（如私人信息及异常情况信息）；而供应链企业间的信息共享更多的是指企业间共享共同运作的各项活动的相关信息（如订单预测信息、库存信息及配送信息等）。此外，沟通更侧重于组织关系及人际关系上，而信息共享更倾向具体运作过程中产生的信息。有学者针对信息共享的内容对信息共享进行划分，蔡淑琴和梁静将信息共享细分为信息技术水平和信息交流水平，信息技术水平是应用于信息处理的各类技术的总称，信息交流水平是衡量供应链中各企业信息共享的数量和质量的指标[50]。企业的各类信息数量庞杂，企业对于信息的存储、维护受到企业信息技术能力的限制，企业的信息传输、处理也受到限制，因此信息技术能力决定了企业信息存量的上限，也决定了企业间信息传输的能力。信息技术能力作为一种无形资源，一方面可以反映企业的信息及知识的储备能力；另一方面，这种能力为企业内部或企业间实现信息共享扫清了障碍，合理有效地应用信息技术能力可以保证共享信息的及时性、真实性和透明性，进而增强企业间信息共享的程度。信息交流水平体现了企业间信息交流的意愿，信息交流的数量越多，信息交流的质量越高，代表双方的交流意向越强。

（1）信任是信息共享的基石，供应链上各企业相互信任之后，才可能分享有价值的信息，企业间信任程度直接决定了信息共享的广度和深度。能力信任是相信被分享者有能力基于信息实现企业间生产、管理甚至战略上的协同，最终实现双赢，同时分享者也需要相信被信任者有能力维护信息安全，防止信息泄露。情感信任也是企业分享信息的驱动因素之一，企业出于对其他企业的认同和信赖，可能会分享对其他企业经营有利的信息，而不要求自身能获得经济上的利益或者回报。

（2）信息共享也是信任关系建立的重要途径之一。企业的信息技术能力也会直接影响信任关系的建立，企业有良好的信息技术能力是信息共享预期目标实现的重要保证。缺乏信息技术能力的企业无法有效利用信息、处理信息、保证信息安全，因为难以获得其他企业的信任。同时，信息技术能力作为一种信息及知识的储备能力，如果供应链上的核心企业拥有较强的信息技术能力，彼此间会产生更强烈的依赖关系，更容易建立彼此的信任关系。信息交流水平是提高企业间信任水平的重要手段，随着企业间信息交流水平的提高，共享信息带来的经济利益增加，企业间经济联系不断加强，共同利益不断扩大，那么建立在共同利益之上的信任关系会更加稳固，企业间共同利益越大，企业越不容易出现损害其他企业的机会主义行为。

信息共享和信任关系之间的交互关系对供应链协同有重要影响。首先，信任关系在信息共享对供应链协同的影响中起调节作用。供应链上各企业由于相互之间的竞争合作而形成了复杂的企业间博弈关系。在这种博弈关系中，企业间共享信息的可信度常常受到影响，即使企业间共享了信息，能否基于共享的信息实现生产协同、客户协同和战略协同依然是未知数，归根结底，这是因为企业间信任关系的缺失。在缺少信任的情况下，企业难以判断共享信息是否可信，因此也就不会基于共享信息进行生产作业和决策，最终导致信息共享无法有效地促进供应链协同。信息共享和供应链协同的关系受到供应链信任程度的影响。其次，信息共享是信任促进供应链协同的重要途径。信任作为企业间关系，本身并不能直接促进供应链协同。企业要实现生产协同、管理协同和战略协同，有赖于供应链之间信息流、物流、资金流、作业流实现的资源共享和信息共享。因此，信息共享是信任关系对供应链协同产生影响的路径之一，更高的信息共享水平能够更好地发挥信任关系对供应链协同的正向影响作用。

4.4　本 章 小 结

本章研究了物流供应链企业间信任关系形成的机理，主要内容如下。

（1）在第3章探究信息协同与信任关系的基础上，对信息协同的作用机理进行分析，信息协同有助于加强供应链内企业的匹配与工序的衔接，提高供应链的整体运行效率；有助于供应链内全部企业及时掌握市场信息，防止信息失真对生产产生扭曲；有助于协调具有不同信息资源企业之间的利益，实现整体利益的改进；有助于向外界释放有效信息，提高信贷可获取能力；有助于配合监管机构的监督管理，保证供应链的协调高效运行。本章通过 CiteSpace 软件对文献的关键词进行分析，在此基础上总结了信息协同的影响因素，认为技术、成本收益、机制和企业间关系是影响信息协同的重要因素。

（2）本章对信任关系形成的机理进行了分析，企业间良好的信任关系有助于降低信息不对称，减少交易成本，减少产业链的不确定性，弥补正式制度的缺陷，促进维护共同利益。本章通过 CiteSpace 软件对文献的关键词进行分析，在此基础上总结了信任关系的影响因素，认为关系、合作特征、机制、技术、信息共享是影响信任关系的重要因素。

（3）本章对信息协同和信任关系交互作用进行了分析，指出信息共享是信任关系对供应链协同产生影响的路径之一，更高的信息共享水平能够更好地发挥信任关系对供应链协同的正向影响。物流供应链企业间信息共享与信任关系之间是一种相互促进的螺旋上升关系，即物流供应链企业间信息共享水平的提升会进一步增强彼此之间的信任关系，而物流供应链企业间的相互信任关系又会促进彼此之间的信息共享程度。

第5章　物流供应链企业间信任关系形成机理验证

基于第 4 章对物流供应链企业间信任关系形成的机理分析，得知信息协同、信任关系均会影响物流供应链协同管理，本章提出三个假说去验证信息协同和信任关系与供应链协同的关系，以及信息协同与信任关系的交互作用关系。本章采取数理计量的方法，以国内物流供应链和国际物流供应链为研究对象，进行物流供应链企业间信任关系形成的机理验证。

5.1　信任关系对国内供应链协同的影响

5.1.1　假说提出

根据第 4 章的理论分析，可以将信息协同、信任关系与物流供应链协同三者间的关系总结如下。

1. 信息协同与物流供应链协同的关系

信息协同加强物流供应链内企业的匹配与工序的衔接，提高物流供应链的整体运行效率；有助于物流供应链内全部企业及时掌握市场信息，防止信息失真对生产产生扭曲；有助于协调具有不同信息资源企业之间的利益，实现整体利益的改进；有助于向外界释放有效信息，提高信贷可获取能力；有助于配合监管机构的监督管理，保证物流供应链的协调高效运行。因此，信息协同显著促进了物流供应链协同。

假说 5.1：信息协同对物流供应链协同的影响系数显著为正值。

2. 信任关系与物流供应链协同的关系

信任关系有助于降低信息不对称程度，促进交易双方开诚布公的合作；有助于减少交易成本，提高合作效率；有助于交易双方维持稳定的合作关系，提高产业链的稳定性；作为非正式制度，有助于通过有效的奖惩机制弥补正式制度的不足；有助于形成共同的价值观和信念，促进企业维护共同利益。因此，信任关系显著促进了物流供应链协同。

假说 5.2：信任关系对物流供应链协同的影响系数显著为正值。

3. 信息协同与信任关系

首先，信息协同和信任关系之间具有相互促进的关系：一方面，只有企业之间充分共享了相关信息，才能够有助于培育企业之间的信任关系，尤其是有助于彰显企业能力和良好信用记录的信息；另一方面，企业的信任关系也有助于培养其责任感和奉献精神，并且可以改善因为害怕合作伙伴泄露信息而不愿意共享信息的现象。其次，信息协同和信任关系对于物流供应链协同也具有交互关系，只有在信息得到充分共享的时候，信任才能够更加充分地发挥其效果，同理，也只有在企业之间建立起充分的信任关系时，信息协同才能够发挥更大的效果。

假说 5.3：信息协同和信任关系具有显著为正的交互效应。

接下来，本书采取实证研究的方法，先证明信息协同和信任关系对物流供应链协同的影响（假说 5.1 和假说 5.2），然后证明二者之间的交互关系（假说 5.3），为保证结论的稳健性，本书还采取工具变量的方法解决可能存在的内生性问题，以及对关键变量进行一定的拓展分析与进一步讨论。

5.1.2　数据说明与计量模型构建

为研究国内物流供应链协同问题，需要寻找与研究主题贴切的数据集，这里本书选用微观企业数据库作为研究工具，在综合评价了各种笔者可得的微观数据库之后，本书认为世界银行的调查数据最为合适。世界银行的调查数据包含 120 个城市的 12 400 家企业的数据，不但包含企业与其上游供应商和下游客户关系的指标，还包含其他企业指标，可以对相关因素加以控制。

世界银行的调查数据没有信任关系的相关指标，本书选择张维迎和柯荣住[275] 的省际信任关系调查数据作为补充。这是最为权威的省际信任关系数据，虽然调查的时间较早，但是在最近的顶级文献中仍然被使用，相关的研究[276, 277]发表在《经济研究》《管理世界》等经济学和管理学的顶级期刊之中。

根据上文总结的假说，结合数据库的具体情况，可以建立计量模型如式

（5-1）所示：

$$y_i = \beta_0 + \beta_1 \text{trust}_i + \beta_2 \text{infor}_i + \gamma X + u_p + \varepsilon_i \qquad （5\text{-}1）$$

其中，y_i 为 i 企业与下游客户或者上游供应商的协同情况；trust_i 为 i 企业与下游客户或者上游供应商的信任程度；infor_i 为 i 企业与下游客户或者上游供应商的信息传递程度；X 为一组控制变量，它们同时影响企业的供应链协同及信任关系或者信息传递；u_p 为地区固定效应；ε_i 为扰动项。

本书采用地区层面的信任关系数据和企业层面的各项指标匹配，来研究信任机制和信息机制对供应链协同的影响。企业层面的数据来自世界银行 2005 年的企业调查，信任数据来自张维迎和柯荣住[275]的数据，该数据通过"中国企业家调查系统"进行，调查对象为企业和企业高管，由于该数据为经济活动的参与者对不同省（区、市）的信用情况，因此反映了他们对从事经济活动的合作伙伴的信任程度。本书采用世界银行所统计的每个省（区、市）加权的信任指数反映该地区在其他地区心目中的信任程度，把该信任指数与世界银行进行的企业调查的每一家企业及每一家企业主要合作伙伴所在省（区、市）进行匹配，从而得到每一家企业所在地区的信任情况（trust1）和每一家企业主要合作伙伴所在地区的信任情况（trust2）。

此外，为了控制省份层面的其他因素对模型的影响，还采用了相关统计年鉴的若干数据。各变量的来源和描述如下。

（1）被解释变量 y_i：供应链协同情况，这里首先采取企业与下游客户或者上游供应商发生纠纷的次数衡量，当供应链管理状况良好时，企业之间发生纠纷的次数显然会更低，二者显著正相关，因此本书以纠纷次数作为物流供应链协同管理的代理变量。这里以 dis1 和 dis2 分别代表与客户发生纠纷的次数、与供应商发生纠纷的次数。数据来自世界银行 2005 年的企业调查。

其次，为了保证结论稳健性，本书还采用了企业与下游客户或者上游供应商的合作持续时间进行衡量。管理良好的供应链体系，企业之间的关系较为稳定，合作较为持久，因此可以作为物流供应链协同管理的代理变量，这里以 coage1 和 coage2 分别代表和下游客户及上游供应商的合作持续时间。数据来自世界银行 2005 年的企业调查。

（2）关键解释变量 trust_i：信任程度，如上文所述，这里以地区层面的信任程度衡量，由于企业信任关系作为一种传统的非正式制度，具有长期深远的影响，而不会短时期发生剧烈变化，不会带来数据过老的问题。同时，采用地区层面的数据对企业层面的纠纷数量进行回归，可以缓解内生性带来的偏差。

（3）关键解释变量 infor_i：信息传递程度，这里以各企业员工的电脑普及率衡量。电脑作为一种高新技术产品，其普及率越高，企业越具有掌握先进信息及通信技术的能力，因此可以作为信息传递的代理变量。

除此之外，信任关系、信息传递和其他企业层面变量及地区层面变量是相关的，而这些变量又和企业合作与纠纷相关，因此需要对这些变量加以控制，才能真正识别出因果关系。企业层面主要包括如下控制变量。

（1）本地区的法律质量 law1。以世界银行的企业调查中的"契约和产权被保护的比例"衡量，衡量正式制度对企业合作的保护，由于各地的正式制度对企业纠纷数量有影响，各地的正式制度和各地区的经济发展水平、历史文化状况相关，而后者又与信任关系相关，因此需要加以控制。

（2）主要合作伙伴所在地区法律质量 law2。以世界银行的企业调查中的"在遇到纠纷时，有多大的把握认为可以获得主要合作伙伴所在地区法律的公正对待"这一指标衡量，选取它作为控制变量的理由和 law1 一样。

（3）与合作伙伴的合作持续时间 coage。数据同样来自世界银行的企业调查。企业与合作伙伴的合作持续时间，一方面随着合作的深入可能使得二者的关系更加复杂，利益冲突更加严重，从而提高了纠纷数量，另一方面可能积累了足够的"关系专用性投资"，因此减少了纠纷数量，而合作持续时间可能与企业的信任及风险厌恶程度相关，因此需要加以控制。

（4）上一年度利润增长率 profit。以 2003~2004 年企业主营业务利润增长率衡量，数据同样来自世界银行的企业调查，企业有可能因为利润下降而违约，从而产生纠纷，而企业利润增长情况又与企业家性格、当地的文化传统等相关，因此需要加以控制。

（5）融资困难程度 loan。以世界银行调查问卷中"是否面临贷款困难"衡量，面临融资困难的企业容易造成违约，而融资偏好、金融可获得性受到地区特质的影响，后者又与信任程度具有相关性，因此需要加以控制。

（6）企业年龄 age。数据同样来自世界银行的企业调查。企业年龄是衡量企业经营决策的重要特征，影响企业之间的合作与纠纷，因此需要加以控制。

（7）所有制 soe。这里主要区分国有企业和非国有企业，soe 是一个虚拟变量，公司类型是国有企业取 1，是其他企业则取 0。数据来自世界银行的企业调查。国有企业身份可能因此给企业带来更强的履约信用，也可能因为较为强势的地位而对其他企业造成欺压，从而影响企业的合作和产生纠纷，因此需要加以控制。

省份控制变量，主要控制企业所在地和企业主要合作伙伴所在地的省份变量。由于地区的信任程度可能和地区的其他因素相关，而地区的其他因素又对企业间纠纷有影响，因此需要加以控制。主要控制本地区和合作伙伴地区的人均国内生产总值（gross domestic product，GDP）水平和受教育水平，人均 GDP 水平分别为 gdp1 和 gdp2，受教育水平分别为 edu1 和 edu2。人均 GDP 数据来自相关统计年鉴，人均 GDP 反映了经济发展水平、市场化水平等经济因素，各地区可能因为较高的经济发展水平和具有高质量的合作，也可能因为分工和合作更加复杂而增加了企业间的纠纷；受教育水平以 10 万人高校在校人数衡量，同样来自相关统计年鉴，受教育水平较高的地区，或许由于较高的人力资本素质而减少了企业纠纷，也或许由于更加复杂的社会环境而增加了企业纠纷。

在模型选择上，基准模型主要采用多元回归方式，并以省（区、市）为聚类采取聚类稳健标准误。需要注意以下几点：第一，被解释变量为发生纠纷的次数，而大量企业关于该变量的取值为 0，根据统计，与客户发生纠纷的次数中有 64.49% 的取值为 0，而与供应商发生纠纷的次数中有 74.04% 的取值为 0，这种左侧 0 值的截尾分布虽然不影响普通最小二乘法回归估计系数的一致性，但是影响了标准误的估计，因此本书进行了一定的稳健性分析，采用 Tobit 模型进行回归。第二，由于本书的被解释变量为发生纠纷的次数，也就是正整数，这种计数模型可以采取泊松回归，以及不要求均值等于方差的负二项回归，加上被解释变量有大量的 0 值，可以采取零膨胀的泊松回归和负二项回归保证模型的稳健性。第三，关于信任关系和企业纠纷的内生性问题。可能带来内生性问题的原因，一是纠纷更少的企业更有可能信任他人，二是信任关系与影响企业纠纷的其他因素相关，对于第一个原因，本书采取的信任关系指标为地区层面的，而企业的个体行为无法改变地区层面的变量，并且信任的地区差异具有长期的稳定性，因此不大可能存在反向因果关系，对于第二个原因，可以采用多元回归的方式，将可能相关的其他因素加以控制。

5.1.3 基准分析结果

回归分析的结果如表 5-1 所示。

表 5-1 信息协同、信任关系与物流供应链协同的回归分析（一）

变量	（1） y_1	（2） coage1	（3） y_2	（4） coage2
trust1	−0.052 30***	0.007 45***	−0.008 59***	0.005 83***
	（−23.58）	（53.17）	（−12.14）	（32.21）
trust2	0.005 44	−0.000 59	0.003 81	−0.000 73
	（0.92）	（−1.11）	（1.93）	（−1.26）
infor	−0.030 60*	0.003 53***	−0.009 64*	0.004 67***
	（−1.92）	（4.23）	（−1.86）	（5.22）
law1	−0.012 20	0.000 95	−0.002 10	0.001 56***
	（−0.45）	（1.51）	（−0.20）	（2.91）
law2	−0.000 05	−0.000 03	−0.001 84	0.000 32
	（−0）	（−0.05）	（−0.24）	（0.41）

续表

变量	（1）y_1	（2）coage1	（3）y_2	（4）coage2
coage	0.235 00*		0.069 90	
	（2.00）		（1.19）	
profit	0.144 00	−0.048 80***	0.074 60	−0.051 20***
	（0.78）	（−2.86）	（0.95）	（−3.11）
loan	0.661 00*	−0.099 80**	0.510 00***	−0.060 10
	（2.04）	（−2.48）	（3.59）	（−1.26）
age	0.063 10**	0.035 50***	0.020 80*	0.031 40***
	（2.40）	（17.70）	（1.75）	（17.21）
soe	1.102 00	−0.098 10	0.491 00	0.016 10
	（1.35）	（−1.22）	（1.33）	（0.24）
gdp1	$4.61×10^{-4}$***	$5.02×10^{-5}$***	$7.28×10^{-5}$***	$4.24×10^{-5}$***
	（34.25）	（46.57）	（9.63）	（31.48）
edu1	−0.001 61***	−0.000 13***	−0.000 30***	−0.000 14***
	（−10.05）	（−12.81）	（−5.16）	（−12.20）
gdp2	$−1.77×10^{-5}$	$2.56×10^{-6}$	$−8.27×10^{-6}$	$3.10×10^{-6}$
	（−0.53）	（0.78）	（−0.55）	（0.76）
edu2	0.000 08	0.000 06	−0.000 04	0.000 02
	（0.35）	（1.49）	（−0.26）	（0.71）
截距项	1.111	4.297***	0.921**	4.494***
	（1.11）	（33.17）	（2.25）	（47.28）
N	6 991	6 991	6 991	6 991
R^2	0.046 1	0.116 0	0.038 7	0.113 0

***表示 $P<0.01$，**表示 $P<0.05$，*表示 $P<0.1$

注：括号内为 t 统计量，采取聚类稳健标准误

表 5-1 列（1）的被解释变量为企业与下游客户发生纠纷的次数，trust1 的回归系数在 0.01 的水平上显著为负值，证明企业信任程度可以显著降低与下游客户发生纠纷的次数，trust2 的回归系数并不显著，证明企业合作伙伴的信任程度与企业纠纷并没有相关性；infor 的系数也显著为负值，但只具有 0.1 的显著性水平，证明信息技术的引入可以通过加强信息传递来降低纠纷，提升物流供应链协同程度，但影响效果不如信任关系。

表 5-1 列（2）的被解释变量为企业与下游客户的合作持续时间，trust1 的回归系数在 0.01 的水平上显著为正值，证明企业信任程度可以显著提升与下游客户的合作持续时间，trust2 的回归系数并不显著，证明企业合作伙伴的信任程度与企业合作持

续时间并没有相关性；infor 的系数也在 0.01 的水平上显著为正值，证明信息技术的引入可以通过加强信息传递来提高企业合作持续时间，提升物流供应链协同程度。

表 5-1 列（3）的被解释变量为企业与上游供应商发生纠纷的次数，trust1 的回归系数在 0.01 的水平上显著为负值，证明企业信任程度可以显著降低与上游供应商的纠纷次数，trust2 的回归系数并不显著，证明企业合作伙伴的信任程度与企业纠纷并没有相关性；infor 的系数也显著为负值，已经达到 0.1 的显著性水平，证明信息技术的引入可以通过加强信息传递来降低纠纷，提升物流供应链协同程度，但影响效果不如信任关系，显著性水平较低。

表 5-1 列（4）的被解释变量为企业与上游供应商的合作持续时间，trust1 的回归系数在 0.01 的水平上显著为正值，证明企业信任程度可以显著提升与上游供应商的合作持续时间，trust2 的回归系数并不显著，证明企业合作伙伴的信任程度与企业合作持续时间并没有相关性；infor 的系数在 0.01 的水平上显著为正值，证明信息技术的引入可以通过加强信息传递来提高企业合作持续时间，提升物流供应链协同程度。

5.1.4　双边分析结果

以上分析中的信任程度，为各地区单边的信任程度，即无论企业的主要供应链合作方处于何种信任程度的省（区、市），均采取本省（区、市）的平均信任程度；或者反过来，无论本省（区、市）为何种信任程度，企业的主要供应链合作方的信任程度均取其所在省（区、市）的平均信任程度。信任调查里还详细列明了不同省（区、市）之间的交叉信任，把这一信息同本书所整理的数据库中的"本企业所在省（区、市）—合作企业所在省（区、市）"的信息进行匹配，就可以得到双边的信任水平。

每一对双边信任，均可以计算外省（区、市）对本省（区、市）的信任度和本省（区、市）对外省（区、市）的信任度，本书将其分别命名为 trust1 和 trust2，代入原模型中进行计量模型估计，估计的结果如表 5-2 所示。

表 5-2　双边信任的估计结果

变量	（1）	（2）	（3）	（4）	（5）	（6）	（7）	（8）
	y_1	y_1	coage1	coage1	y_2	y_2	coage2	coage2
trust1	-0.018 90***		0.026 90**		-0.017 50*		0.007 90	
	（-2.70）		（2.12）		（-1.77）		（1.27）	
trust2		-0.007 94**		0.005 98		-0.022 40*		0.004 82*
		（-2.24）		（1.26）		（-1.86）		（1.95）
infor	-0.076 90***	-0.083 00***	0.008 73***	0.008 91***	-0.039 80***	-0.034 50**	0.023 40***	0.028 00***
	（-3.73）	（-4.16）	（6.16）	（4.29）	（-3.25）	（-2.63）	（8.45）	（6.98）

续表

变量	（1） y_1	（2） y_1	（3） coage1	（4） coage1	（5） y_2	（6） y_2	（7） coage2	（8） coage2
law1	0.082 30**	0.100 00***	0.001 99*	0.001 60	0.043 10	0.055 50**	0.007 00***	0.006 69***
	（2.27）	（3.26）	（1.79）	（1.61）	（1.50）	（2.30）	（3.43）	（2.80）
law2	0.019 30	0.016 70	0.002 45	0.001 93	0.023 60	0.015 60	0.013 60**	0.006 85
	（0.71）	（0.71）	（1.33）	（0.96）	（0.88）	（0.70）	（2.19）	（1.32）
coage1	0.079 70	−0.060 90			0.211 00	0.096 80		
	（0.61）	（−0.40）			（1.68）	（0.68）		
profit	0.043 60	0.034 90	−0.009 70***	−0.008 64**	0.053 60**	0.061 10**	−0.022 70**	−0.018 90*
	（1.63）	（0.95）	（−3.01）	（−2.22）	（2.61）	（2.76）	（−2.67）	（−1.90）
loan	0.272 00***	0.297 00***	−0.006 54	−0.017 80**	0.207 00***	0.220 00***	−0.010 30	−0.021 50
	（5.29）	（6.09）	（−1.20）	（−2.73）	（4.64）	（4.65）	（−0.69）	（−1.21）
age	0.120 00***	0.148 00***	0.056 10***	0.054 80***	0.048 90	0.073 10***	0.138 00***	0.133 00***
	（4.47）	（6.43）	（18.06）	（17.74）	（1.45）	（2.84）	（16.71）	（15.82）
soe	0.134 00**	0.147 00	−0.026 90***	−0.016 30	0.173 00**	0.203 00***	−0.048 20**	−0.022 70
	（2.07）	（1.50）	（−3.79）	（−1.55）	（2.59）	（3.13）	（−2.46）	（−1.01）
gdp1	0.321 00***	0.192 00***	0.022 50***	0.023 60***	0.069 90***	−0.064 40*	0.044 70***	0.047 40***
	（26.02）	（4.68）	（16.22）	（5.40）	（8.01）	（−1.95）	（11.17）	（5.70）
gdp2	−0.009 91	−0.023 40	−0.001 97	0.000 05	0.048 70	0.025 40	0.005 61	−0.005 65
	（−0.19）	（−0.55）	（−0.40）	（0.01）	（1.11）	（0.59）	（0.41）	（−0.68）
edu2	0.077 00	0.080 30	0.016 30*	0.006 67	−0.048 80	−0.082 20	0.017 10	0.023 10
	（1.09）	（1.02）	（1.75）	（0.58）	（−0.54）	（−0.92）	（0.91）	（1.00）
截距项	−3.678 00***	−2.409 00***	0.521 00***	0.576 00***	−0.969 00*	0.813 00*	0.741 00***	0.775 00***
	（−6.71）	（−4.18）	（7.72）	（7.38）	（−1.90）	（1.73）	（4.25）	（6.97）
N	5 438	4 461	5 438	4 461	5 438	4 461	5 438	4 461
R^2	0.073 2	0.084 0	0.141	0.140	0.050 5	0.059 3	0.156	0.153

***表示 $P<0.01$，**表示 $P<0.05$，*表示 $P<0.1$

注：括号内为 t 统计量，采取聚类稳健标准误

表 5-2 列（1）和列（2）的被解释变量为企业与下游客户发生纠纷的次数，列（1）中 trust1 的回归系数在 0.01 的水平上显著为负值，证明下游客户对本企业的信任可以显著降低二者的纠纷次数，列（2）中 trust2 的回归系数在 0.05 的水平上显著为负值，证明本企业对下游客户的信任也可以显著降低二者的纠纷次数，共同证明信任关系有助于优化物流供应链协同管理；infor 的系数在两个模型中均显著为负值，证明信息技术的引入可以通过加强信息传递来降低纠纷，提升物流供应链协同程度。

表 5-2 列（3）和列（4）的被解释变量为企业与下游客户的合作持续时间，列（3）中 trust1 的回归系数在 0.05 的水平上显著为正值，证明下游客户对本企业

的信任可以显著提升与下游客户的合作持续时间，列（4）中 trust2 的回归系数并不显著，证明本企业对下游客户的信任程度与企业合作持续时间并没有相关性；infor 的系数在 0.01 的水平上显著为正值，证明信息技术的引入可以通过加强信息传递来提高企业合作持续时间，提升物流供应链协同程度。

表 5-2 列（5）和列（6）的被解释变量为企业与上游供应商产生纠纷的次数，列（5）中 trust1 的回归系数在 0.1 的水平上显著为负值，证明上游供应商对本企业的信任可以显著降低二者的纠纷次数；列（6）中 trust2 的回归系数也在 0.1 的水平上显著为负值，证明本企业对上游供应商的信任可以显著降低二者的纠纷次数；infor 的系数在两个模型中都显著为负值，证明信息技术的引入可以通过加强信息传递来降低纠纷，提升物流供应链协同程度。

表 5-2 列（7）和列（8）的被解释变量为企业与上游供应商的合作持续时间，列（7）中 trust1 的回归系数并不具有统计意义上的显著性，证明上游供应商对本企业的信任对合作持续时间没有显著影响；列（8）中 trust2 的回归系数在 0.1 的水平上显著为正值，且接近 0.05 显著性水平的临界值，因此本企业对上游供应商的信任可以显著提升二者的合作持续时间；infor 的系数在两个模型中都显著为正值，证明信息技术的引入可以通过加强信息传递来提升合作持续时间，提升物流供应链协同程度。

综合上述分析，采取双边信任的变量之后，结论依然与假说 5.1 和假说 5.2 相一致。但双边信任的结果还具有以下新特征：第一，信任关系对纠纷次数减少的影响大于对合作持续时间的影响；第二，在与下游客户的合作持续时间中，下游客户对本企业的信任影响大于本企业对下游客户的信任影响，但在与上游供应商的合作持续时间中，上游供应商对本企业的信任影响小于本企业对上游供应商的信任影响。这两个结论看似矛盾，但具有一致性，因为二者共同证明了下游企业对上游企业的信任更加重要。

在具有双边信任的指标时，还可以针对本省（区、市）对外省（区、市）的信任关系及外省（区、市）对本省（区、市）的信任关系两个维度，划分出不同的信任关系模型，从而研究不同信任关系类别对物流供应链协同的影响。本书参考杨继彬等的研究结果[276]，将信任关系模式分为四种：第一，相互高信任关系，此时本省（区、市）对外省（区、市）的信任程度和外省（区、市）对本省（区、市）的信任程度均较高，生成虚拟变量 mode1；第二，第一类不平衡信任关系，此时外省（区、市）对本省（区、市）的信任程度较高，但本省（区、市）对外省（区、市）的信任程度较低，生成虚拟变量 mode2；第三，第二类不平衡信任关系，此时本省（区、市）对外省（区、市）的信任程度较高，而外省（区、市）对本省（区、市）的信任程度较低，生成虚拟变量 mode3；第四，相互低信任关系，此时本省（区、市）与外省（区、市）的信任程度均较低，生成虚拟变量 mode4。将信任关系模式替换成原有的信任关系指标进行计量模型估计，为避免完全共线性，去掉 mode4，因此 mode4 可以看作其他三种模式的基准。回归结果总结在表 5-3。

表 5-3　区分信任关系模式的回归结果

变量	（1） y_1	（2） coage1	（3） y_2	（4） coage2
mode1	−0.089 8** （−2.12）	7.04×10^{−18***} （2.64）	−0.052 5* （1.84）	0.010 4 （1.20）
mode2	−0.015 1** （−2.39）	2.45×10^{−18***} （2.60）	−0.041 5 （−1.63）	−0.002 8 （−1.28）
mode3	0.081 3 （1.63）	1.72×10^{−18} （1.54）	0.056 1 （1.64）	0.003 2 （0.35）
edu1	−0.070 3*** （−3.81）	3.85×10^{−18***} （13.52）	−0.036 7*** （−3.31）	0.012 8*** （4.74）
law1	0.093 4*** （3.12）	6.66×10^{−19***} （2.80）	0.053 8** （2.31）	0.004 1** （2.45）
law2	0.019 1 （0.87）	−1.95×10^{−19} （−0.61）	0.018 6 （0.87）	0.005 0 （1.16）
coage1	0.034 3 （0.29）	1.000*** （2.48×10^{16}）	0.149 0 （1.43）	1.371 0*** （21.97）
profit	0.036 0 （1.53）	−2.24×10^{−18**} （−2.36）	0.050 9*** （3.08）	−0.010 5* （−1.96）
loan	0.246 0*** （6.16）	3.80×10^{−19} （0.36）	0.187 0*** （5.05）	0.000 2 （0.02）
age	0.142 0*** （5.88）	−8.68×10^{−18***} （−7.68）	0.071 1** （2.37）	0.059 1*** （12.23）
soe	0.132 0* （1.82）	1.61×10^{−17***} （4.39）	0.160 0*** （2.76）	−0.004 1 （−0.27）
gdp1	0.181 0*** （11.57）	6.04×10^{−18} （0.12）	−0.025 1** （−2.07）	0.018 9*** （7.51）
gdp2	−0.002 1 （−0.09）	−4.71×10^{−19} （−0.53）	0.038 3* （1.75）	−0.001 8 （−0.26）
edu2	0.025 4 （0.46）	3.01×10^{−18} （1.24）	−0.037 3 （−0.62）	−0.002 5 （−0.20）
截距项	−2.174 0*** （−5.98）	2.22×10^{−16} （0.44）	−0.103 0 （−0.29）	0.054 3 （0.52）
N	6 592	6 592	6 592	6 592
R^2	0.078 7	0.321 0	0.054 8	0.421 0

***表示 $P<0.01$，**表示 $P<0.05$，*表示 $P<0.1$

注：括号内为 t 统计量，采取聚类稳健标准误

表 5-3 列（1）的被解释变量为企业与下游客户发生纠纷的次数，其中相互高信任关系（mode1）的回归系数显著为负值，第一类不平衡信任关系（mode2）的回归系数也显著为负值，但系数不如 mode1 小，第二类不平衡信任关系（mode3）的回归系数为正值，但不具有统计意义上的显著性。因此，相互高信任关系对物流供应链协同的促进作用最大，第一类不平衡信任关系次之，第二类不平衡信任关系影响则不显著。

表 5-3 列（2）的被解释变量为企业与下游客户的合作持续时间，其中相互高信任关系（mode1）、第一类不平衡信任关系（mode2）、第二类不平衡信任关系（mode3）的回归系数均为正值，但 mode3 的回归系数不具有统计意义上的显著性，因此仍然证明相互高信任关系对物流供应链协同的促进作用最大，第一类不平衡信任关系次之，第二类不平衡信任关系影响则不显著。

表 5-3 列（3）的被解释变量为企业与上游供应商发生纠纷的次数，其中相互高信任关系（mode1）的回归系数依然显著为负值，但只有 0.1 的显著性水平。第一类不平衡信任关系（mode2）和第二类不平衡信任关系（mode3）的回归系数并不具有统计意义上的显著性。

表 5-3 列（4）的被解释变量为企业与上游供应商的合作持续时间，此时所有模式均不具有统计意义上的显著性。

综合上述结果，本书可以得出如下结论：第一，不同信任关系模式对纠纷次数的影响依然大于对合作持续时间的影响；第二，相互高信任关系相比不平衡信任关系对物流供应链协同的促进作用最大，不平衡信任关系中，第一类不平衡信任关系比第二类不平衡信任关系影响更大。

5.1.5　内生性问题

本书的信息协同变量和信任关系变量在质量上具有差异，信息协同变量为企业层面变量，而信任关系变量则是地区层面变量。地区层面变量可能和本地区的其他因素相关，共同影响了企业的决策和供应链关系，从而带来内生变量偏差的问题。造成内生性问题的原因主要有两种：一是遗漏变量问题，也就是影响了地区信任关系的变量同时也影响了企业的供应链协同，这有可能导致地区信任关系和供应链协同的伪因果关系，即其他因素才是决定供应链协同的原因，而地区信任关系只不过与它具有相关性，或者说其他因素对供应链协同的影响被包含在地区信任关系的影响系数之中，从而高估了地区信任关系对供应链协同的影响系数；二是信任关系和供应链协同具有反向的因果关系，即具有较好供应链协同水平的企业之间更容易形成信任关系，而非相反。

对于反向因果关系，在本书所采取的计量方法中是不存在的。原因在于，信任关系是地区层面变量，而供应链协同是企业层面变量，单个企业的供应链协同无法影响到整个地区的信任关系状况；对于遗漏变量问题，本书对地区固定效应的控制在一定程度上解决了这一问题，但为了进一步解决内生性问题，还需要采取新的方法。本部分采取工具变量的方法来解决内生性问题。

工具变量的方法，旨在寻找一个和关键解释变量相关，但不直接影响被解释变量的变量，作为关键解释变量的"工具变量"。通常采取两阶段最小二乘法进行估计。在第一阶段，以可能的内生变量为被解释变量，以工具变量和其他外生变量为被解释变量进行回归，并排除残差的因素，形成内生变量的拟合值；在第二阶段，以内生变量的拟合值代替内生变量进行估计，由于内生变量的拟合值此时只包含工具变量和其他外生变量的部分，从而排除了与被解释变量相关的残差部分，可以得到内生变量的一致估计。

因此，工具变量的选择需要满足两个条件：一是工具变量与信任水平高度相关；二是工具变量不直接影响供应链协同。本书认为地区之间的方言距离（fangyan）是合适的工具变量。一方面，方言距离会使得企业之间产生交流和文化隔阂，更容易把对方看作"外人"，因此加大了企业之间的不信任程度，和信任程度具有高度的负相关[278]；另一方面，方言距离是在漫长的社会演进中形成的，不会对企业的供应链协同直接产生影响，因此满足了工具变量的两个条件。

本书采取 Liu 等[279]和刘毓芸等[280]的方法计算方言距离，先根据《汉语方言大辞典》找到地级市层面的方言分布及方言之间的联系，各地方言可以分为方言大区、方言区和方言片区三种。可以以此定义方言距离变量：如果两地处于同一个方言片区，则取 1；如果两地处于同一方言区，则取 2；如果两地处于同一方言大区，则取 3。在生成方言距离之后，将两地的人口占比作为权重，形成最终的方言距离指数。

在进行工具变量之前，需要先验证工具变量的相关性，并且需要证明这种相关性足够强，否则会出现弱工具性问题，极大影响估计偏差。为此，本书汇报了两阶段最小二乘法的第一阶段回归结果，如表 5-4 所示。

表 5-4　第一阶段回归结果

变量	（1） trust1	（2） trust2
fangyan	−0.460 0*** （−3.40）	−1.414 0*** （−2.87）
edu1	0.020 1* （1.83）	0.000 5 （0.08）

续表

变量	（1）	（2）
	trust1	trust2
law1	−0.005 1	−0.005 7
	（−1.09）	（−1.17）
law2	0.001 6	0.001 9
	（0.19）	（0.26）
coage1	0.024 9	−0.129 0*
	（0.34）	（−2.04）
profit	−0.017 9	0.007 3
	（−1.13）	（0.45）
loan	−0.017 2	0.021 7
	（−0.64）	（0.70）
age	−0.014 7	0.038 7***
	（−1.25）	（4.84）
soe	−0.029 7	−0.046 1
	（−0.80）	（−0.91）
gdp1	0.177 0***	1.242 0***
	（11.99）	（34.73）
gdp2	1.553 0***	−0.111 0
	（25.14）	（−0.51）
edu2	−0.203 0	−0.197 0
	（−1.19）	（−0.69）
截距项	−12.660 0***	−5.760 0***
	（−9.97）	（−3.27）
N	5 041	4 130
R^2	0.689	0.702
F	276.68	241.34

***表示 $P<0.01$，*表示 $P<0.1$
注：括号内为 t 统计量，采取聚类稳健标准误

由表 5-4 可知，无论是 trust1 还是 trust2，方言距离（fangyan）的影响系数均显著为负值，也就是方言距离越大，企业对合作伙伴的信任程度越低，合作伙伴对企业的信任程度也越低，这符合理论假说，同时也满足了工具变量的相关性。第一阶段回归的 F 统计量可以用来检验是否存在弱工具性问题，而两个回归的 F 统计量均远远大于 15，因此可以认为不存在弱工具性问题。

以方言距离作为工具变量进行两阶段最小二乘法，第二阶段回归结果汇报在表 5-5。

表 5-5 第二阶段回归结果

变量	(1) y_1	(2) y_1	(3) coage1	(4) coage1	(5) y_2	(6) y_2	(7) coage2	(8) coage2
trust1	-0.0710* (-2.41)		0.0098* (1.75)		-0.1460 (-1.26)		0.0359 (1.36)	
trust2		-0.0928*** (-2.97)		0.0084* (1.72)		-0.0591* (-1.69)		0.0104* (1.87)
edu1	-0.0910*** (-5.82)	-0.0990*** (-5.54)	0.0079*** (5.37)	0.0085*** (3.89)	-0.0488*** (-4.86)	-0.0405*** (-3.72)	0.0210*** (6.98)	0.0275*** (6.06)
law1	0.1180*** (14.11)	0.1320*** (13.91)	0.0018 (1.56)	0.0015 (1.27)	0.0724*** (11.01)	0.0803*** (12.01)	0.0051** (2.13)	0.0050* (1.76)
law2	-0.0070 (-0.56)	-0.0007 (-0.05)	0.0020 (1.03)	0.0019 (0.91)	0.0009 (0.07)	-0.0002 (-0.01)	0.0139* (2.03)	0.0075 (1.38)
coage1	0.0374 (0.27)	-0.0387 (-0.23)			0.1470 (1.16)	0.1030 (0.67)		
profit	0.0267 (1.05)	0.0179 (0.50)	-0.0098*** (-3.31)	-0.0105*** (-2.97)	0.0410* (1.79)	0.0495** (2.27)	-0.0262*** (-3.91)	-0.0254*** (-3.48)
loan	0.2680*** (5.04)	0.2900*** (5.91)	-0.0070 (-1.33)	-0.0157** (-2.44)	0.2190*** (5.73)	0.2350*** (6.04)	-0.0096 (-0.64)	-0.0159 (-0.86)
age	0.1480*** (6.52)	0.1570*** (6.41)	0.0559*** (16.84)	0.0551*** (19.06)	0.0739*** (2.84)	0.0845*** (3.27)	0.1380*** (16.50)	0.1350*** (17.94)
soe	0.0762 (1.00)	0.0964 (0.92)	-0.0265*** (-3.54)	-0.0194* (-1.82)	0.1280* (2.00)	0.1410* (1.95)	-0.0546*** (-2.76)	-0.0307 (-1.56)
gdp1	0.3030*** (7.52)	0.0618 (1.32)	0.0246*** (7.09)	0.0272*** (3.53)	0.0378 (1.32)	-0.1020* (-1.87)	0.0510*** (6.32)	0.0545*** (3.13)
gdp2	-0.1440 (-0.59)	-0.0061 (-0.15)	0.0128 (0.59)	0.0005 (0.10)	-0.1920 (-1.06)	0.0485 (1.45)	0.0472 (1.18)	-0.0072 (-0.61)
edu2	0.0525 (0.86)	0.0780 (1.03)	0.0149 (1.66)	0.0066 (0.57)	-0.0603 (-0.69)	-0.1040 (-1.22)	0.0173 (0.88)	0.0251 (0.96)
截距项	-2.2660 (-0.88)	-1.6170** (-2.29)	0.3920** (2.07)	0.5430*** (6.55)	1.4160 (0.83)	0.9820* (1.77)	0.3430 (0.80)	0.7180*** (4.13)
N	5 041	4 130	5 041	4 130	5 041	4 130	5 041	4 130
R^2	0.0823	0.0973	0.1400	0.1420	0.0369	0.0610	0.1540	0.1520
F	8.9885×10^{306}	8.9885×10^{306}	9.9872×10^{306}	9.9872×10^{306}	8.9885×10^{306}	8.9885×10^{306}	9.9872×10^{306}	9.9872×10^{306}

***表示 $P<0.01$，**表示 $P<0.05$，*表示 $P<0.1$

注：括号内为 t 统计量，采取聚类稳健标准误

经过工具变量的回归结果可知，在所有模型中，信息协同的影响系数依然显

著，且符合预期。在信任关系的影响系数中，绝大多数系数符号均符合预期且具有统计意义上的显著性。因此，采取工具变量的方法消除可能存在的内生性问题之后，结论依然成立。

5.1.6　信息协同和信任关系的交互效应

根据假说 5.3，信息协同和信任关系可能存在显著的交互效应，为验证这一假说，可以在国内供应链实证模型的基准模型基础上加入关键解释变量的交互项来衡量信息协同和信任关系的交互关系，如式（5-2）所示：

$$y_i = \beta_0 + \beta_1 \text{trust}_i + \beta_2 \text{infor}_i \times \text{trust}_i + \gamma X + u_p + \varepsilon_i \qquad (5-2)$$

信息协同、信任关系与物流供应链协同的回归分析结果如表 5-6 所示。

表 5-6　信息协同、信任关系与物流供应链协同的回归分析（二）

变量	（1） dis1	（2） coage1	（3） dis2	（4） coage2
trust1	−0.054 60*** （−3.18）	0.007 44*** （11.64）	−0.009 65*** （−3.30）	0.005 87*** （5.24）
trust2	0.004 72 （0.69）	−0.000 47 （−0.75）	0.003 66 （1.63）	−0.000 59 （−0.94）
infor	−0.024 50* （−1.70）	0.004 16*** （2.80）	−0.077 30 （1.65）	0.005 31*** （4.14）
trust1×infor	$-4.71 \times 10^{-5*}$ （1.74）	-1.09×10^{-7} （0.01）	$-2.27 \times 10^{-5**}$ （2.36）	-1.34×10^{-6} （0.06）
trust2×infor	4.10×10^{-5} （0.39）	-7.06×10^{-6} （−0.45）	8.66×10^{-6} （0.17）	-7.89×10^{-6} （−0.83）
law1	−0.012 20 （−0.46）	0.000 95 （1.51）	−0.002 10 （−0.20）	0.001 57*** （2.89）
law2	−0.000 04 （0）	−0.000 03 （−0.05）	−0.001 83 （−0.24）	0.000 31 （0.41）
coage1	0.236 00* （2.00）		0.070 00 （1.19）	
profit	0.144 00 （0.78）	−0.048 80*** （−2.87）	0.074 80 （0.95）	−0.051 20*** （−3.10）
loan	0.660 00* （2.03）	−0.099 60** （−2.47）	0.510 00*** （3.60）	−0.059 80 （−1.25）
age	0.063 10** （2.40）	0.035 50*** （17.68）	0.020 80* （1.76）	0.031 40*** （17.20）

续表

变量	（1） dis1	（2） coage1	（3） dis2	（4） coage2
soe	1.107 00 （1.36）	−0.098 90 （−1.23）	0.492 00 （1.34）	0.015 20 （0.23）
gdp1	0.000 47*** （9.02）	0.000 05*** （22.02）	0.000 08*** （9.08）	0.000 04*** （11.22）
edu1	−0.001 67*** （−3.79）	−0.000 13*** （−7.26）	−0.000 33*** （−6.03）	−0.000 14*** （−4.45）
gdp2	-1.80×10^{-5} （−0.54）	2.61×10^{-6} （0.80）	-8.33×10^{-6} （−0.56）	3.17×10^{-6} （0.77）
edu2	0.000 08 （0.35）	0.000 06 （1.48）	−0.000 04 （−0.26）	0.000 03 （0.72）
地区固定效应	是	是	是	是
截距项	1.334 （0.91）	4.280*** （32.18）	1.002** （2.19）	4.478*** （39.65）
N	6 991	6 991	6 991	6 991
R^2	0.046 1	0.116 0	0.038 8	0.113 0

***表示 $P<0.01$，**表示 $P<0.05$，*表示 $P<0.1$
注：括号内为 t 统计量，采取聚类稳健标准误

表 5-6 列（1）的被解释变量为企业与下游客户发生纠纷的次数，trust1 的回归系数在 0.01 的水平上显著为负值，证明企业的信任程度可以显著降低与下游客户发生纠纷的次数，trust2 的回归系数并不显著，证明企业合作伙伴的信任程度与企业纠纷并没有相关性；infor 的系数显著为负值，但只具有 0.1 的显著性水平，证明信息技术的引入可以通过加强信息传递来降低纠纷，提升物流供应链协同程度，但影响效果不如信任程度。trust1 和 infor 的交互作用也显著为负值，证明二者在降低企业纠纷方面具有的显著效应，信任程度越高，信息技术的引入的纠纷降低效应越明显，反之，信息技术的引入程度越高，信任程度对纠纷的降低效应越明显。

表 5-6 列（2）的被解释变量为企业与下游客户的合作持续时间，trust1 的回归系数在 0.01 的水平上显著为正值，证明企业的信任程度可以显著提升与下游客户的合作持续时间，trust2 的回归系数并不显著，证明企业合作伙伴的信任程度与企业合作持续时间并没有相关性；infor 的系数在 0.01 的水平上显著为正值，证明信息技术的引入可以通过加强信息传递来提高企业合作持续时间，提升物流供应链协同程度。trust1 和 infor 的交互作用没有统计意义上的显著性，证明二者在提高企业合作持续时间方面没有显著的交互效应。

表 5-6 列（3）的被解释变量为企业与上游供应商发生纠纷的次数，trust1 的回归系数在 0.01 的水平上显著为负值，证明企业的信任程度可以显著降低与上游供应商发生纠纷的次数，trust2 的回归系数并不显著，证明企业合作伙伴的信任程度与企业纠纷并没有相关性；infor 的系数显著为负值，已经接近 0.1 的显著性水平，证明信息技术的引入可以通过加强信息传递来降低纠纷，提升物流供应链协同程度，但影响效果不如信任程度，显著性水平较低。trust1 和 infor 的交互作用也显著为负值，证明二者在降低企业纠纷方面具有显著的效应，信任程度越高，信息技术的引入的纠纷降低效应越明显，反之，信息技术的引入程度越高，信任程度对纠纷的降低效应越明显。

表 5-6 列（4）的被解释变量为企业与上游供应商的合作持续时间，trust1 的回归系数在 0.01 的水平上显著为正值，证明企业的信任程度可以显著提升与上游供应商的合作持续时间，trust2 的回归系数并不显著，证明企业合作伙伴的信任程度与企业合作持续时间并没有相关性；infor 的系数在 0.01 的水平上显著为正值，证明信息技术的引入可以通过加强信息传递来提高企业合作持续时间，提升物流供应链协同程度。trust1 和 infor 的交互作用没有统计意义上的显著性，证明二者在提高企业合作持续时间方面没有显著的交互效应。

5.2　信任关系对国际物流供应链的影响

5.1 节聚焦于国内供应链的协调问题，随着全球分工的深入发展，供应链越来越频繁地跨越国家，面对国外合作伙伴，物流供应链协同管理将会更加复杂，也会产生一些新现象和出现一些新问题。为此，本节对信息协同和信任关系在国际物流供应链协同中的影响进行实证研究。

5.2.1　国际物流供应链

近年来，随着全球价值链分工的发展，供应链越来越广泛地跨越国界，供应链管理也面临更加复杂多变的情况，供应链中包含了社会制度、语言文化、风俗传统、社会发展阶段、法律体系、生产技术更加多变的国外企业，其协同的难度更大，对信息协同和信任关系的需求也更大。

随着经济全球化的深入发展，国际贸易格局和国际分工特征也在不断变化。第二次世界大战以后的国际贸易格局以产业内贸易为主要特征，区别于产业间以贸易为主的旧国际分工格局，以 Krugman[281]为代表的新贸易理论对国际产业内分工进行了深入研究。21 世纪以来，以 Antras[282]为代表的新新贸易理论开始研究企业层面的跨国分工，国际物流供应链的研究开始兴起。

国际物流供应链的概念最早由 Humphrey 和 Schmitz 在 2000 年提出[283]。事实上，早在 20 世纪 80 年代，Sanyal 和 Jones 就指出中间品贸易已经成为国际贸易的主体[284]，近年来，随着数据质量和计量技术的提高，针对全球价值链的研究也成为学术热点。

在全球价值链分工之下，一国不仅会因为消费而进口最终品，还会为生产的下一道工序而进口中间品，中间品的进口成为全球价值链分工参与度的重要衡量指标。以中间品的进口作为参与全球价值链的结果，可以衡量出一国对全球价值链的协同管理水平，当协同管理水平较高时，一国会更加深入地嵌入全球分工之中，中间品的进口数量也就较高[285]。因此，本书以中间品进口数量衡量一国的国际物流供应链协同水平。

5.2.2　中间品的引力模型推导

在回归分析中，将信任和信息变量嵌入经典的贸易模型中。现阶段，引力模型是模拟双边贸易的最为普遍的模型。

引力模型（又称重力模型）最早由 Tinbergen 于 1962 年引入贸易研究之中，经过 50 多年的发展，已经成为既具有坚实的微观基础，也具有良好预测能力的计量工具[286]。传统的引力模型设定如式（5-3）所示：

$$X_{ni} = G S_i M_n \phi_{ni} \tag{5-3}$$

其中，$G = 6.67 \times 10^{-11}$ 牛·米^2/千克^2，为万有引力常量；X_{ni} 为 i 国向 n 国的出口量；S_i 为与和出口国 i 相关的变量；M_n 为与目的国 n 相关的变量；ϕ_{ni} 为双边贸易成本。传统的引力模型中，与出口国和目的国相关的变量为两国的 GDP，双边贸易成本为两国的地理距离，因此其表达式如式（5-4）所示：

$$X_{ni} = G Y_i^{\alpha} Y_n^{\beta} \phi_{ni} \tag{5-4}$$

其中，Y_i 和 Y_n 分别为出口国和目的国的 GDP。然而，传统的引力模型忽视了"多边阻力项"的作用，会造成估计偏差，为此需要引入结构式（5-5）的引力模型：

$$X_{ni} = \frac{Y_i}{\Omega_i} \frac{X_n}{\phi_n} \phi_{ni} \tag{5-5}$$

其中，Y_i 为出口国 i 总的 GDP，如果出口国对本国的"出口"记为 X_{ii}，那么出口国的 GDP 应该等于其向 n 个国家出口的总额，也就是 $Y_i = \sum_n X_{ni}$；X_n 为目的国 n 的总支出，满足 $X_n = \sum_i X_{ni}$，在均衡状态下，总支出等于总收入，因此 X_n 也等于 n

国的 GDP。Ω_i 和 ϕ_n 分别为出口国 i 和目的国 n 的"多边阻力项",式(5-6)和式(5-7)为其表达式:

$$\Omega_i = \sum_l \frac{\phi_{li} X_l}{\phi_l} \tag{5-6}$$

$$\phi_n = \sum_l \frac{\phi_{nl} Y_l}{\Omega_l} \tag{5-7}$$

"多边阻力项"的含义为各国与贸易伙伴双边贸易成本的加权平均,权重为贸易伙伴的相关变量。因此,两国的贸易量不仅取决于与两国相关的贸易成本,还取决于与其他贸易伙伴的贸易成本,而两者又具有相关性,如果忽视了"多边阻力项",会带来遗漏变量的偏差。

传统的引力模型,被解释变量为贸易额,并不区分最终品和中间品,而理论模型中通常为最终品,在全球价值链兴起之后,学者开始在模型中引入中间品贸易,并将全球的投入产出关系引入模型之后,中间品贸易有一个引力模型的表达式,这是 CP 模型[287]所给出的结果。

CP 模型是传统比较优势模型的最新表达。自李嘉图的比较优势理论出现以来,其便呈现出对国际贸易强大的解释能力,但李嘉图模型的经典表述通常是两个国家、两种产品,DFS(Dornbush-Fischier-Samuelson)模型[288]通过一个连续商品的设定,将模型推广到两个国家和无穷多产品的情形;EK(Eaton-Kortum)模型[289]则进一步推广到 n 个国家的情形,在 EK 模型中,不同国家的生产率服从一个随机分布,各国选择价格最低的产品进行消费,但 EK 模型不涉及全球价值链的投入产出关系,仅仅包含最终品贸易,通过 EK 模型可以导出最终品贸易的引力模型;CP 模型在 EK 模型的基础上,引入了全球价值链的投入产出关系和中间品贸易,从而也可以导出中间品贸易的引力模型形式。下面对 CP 模型中中间品贸易的引力模型形式进行推导。

CP 模型假设第 n 国消费者(同时也是劳动力)的数量为 L_n,消费者通过对最终品消费量的选择实现效用最大化,其中对第 j 种最终品的消费量为 C_n^j,效用函数采取柯布-道格拉斯效用函数,为式(5-8)的形式:

$$u(n) = \prod_{j=1}^J C_n^{j\alpha_n^j} \tag{5-8}$$

其中,根据柯布-道格拉斯效用函数的性质,在均衡时,α_n^j 为第 j 种最终品的支出份额,因此必须满足相加为 1。

模型最重要的概念是复合中间品,这种产品既可以用于最终消费,也可以用来生产中间品,可以理解为 GDP。

假设中间品为 ω^j。生产中间品需要劳动力和复合中间品,劳动运用复合中间品进行生产的效率在不同国家存在差异，假设第 n 个国家采用中间品 ω^j 生产第 j 种最终品的劳动生产率为 $z_n^j(\omega^j)$，则中间品的生产函数如式（5-9）所示：

$$q_n^j(\omega^j) = z_n^j(\omega^j)\left[l_n^j(\omega^j)\right]^{\gamma_n^j} \prod_{j=1}^{J}\left[m_n^{k,j}(\omega^j)\right]^{\gamma_n^{k,j}} \tag{5-9}$$

其中，$l_n^j(\omega^j)$ 为 n 国生产 ω^j 的中间品所投入的劳动；$m_n^{k,j}(\omega^j)$ 为来自 k 行业的用来生产 j 行业中间品 ω^j 的复合中间品投入量；$\gamma_n^{k,j}$ 为 k 行业用来生产 j 行业中间品 ω^j 的份额；γ_n^j 为增加值的份额（$\gamma_n^{k,j}$ 和 γ_n^j 可以与投入产出表直接对接）。在模型中，增加值和复合中间品的份额在不同国家和行业存在差异。在这里，中间品的生产函数具有规模报酬不变的性质。

模型的关键假定是，生产率 $z_n^j(\omega^j)$ 是一个随机变量。厂商在事前不知道生产率的确切取值，只知道其分布函数。根据大数定律，实际上生产率的占比可以对应到其分布函数之中。

在完全竞争的市场环境下，商品的价格应该等于边际成本。这里的成本主要有两种：一是劳动力的工资，令工资为 w_n；二是复合中间品的价格，令 k 行业的复合中间品价格为 p_n^k，由于生产函数属于柯布-道格拉斯效用函数的形式，最优化时的成本函数也应该采取柯布-道格拉斯效用函数的形式，如式（5-10）所示：

$$C_n^j = \gamma_n^j w_n^{\gamma_n^j} \prod_{j=1}^{J} p_n^{k\gamma_n^{k,j}} \tag{5-10}$$

其中，γ_n^j 为常数项。将中间品引入模型之后，生产成本和价格取决于所有行业产品价格，因此任何影响行业产品价格的因素都会影响所有产品的生产价格。

复合中间品的生产，需要用到中间品，而不需要用到劳动力。模型假设复合中间品是不可进行贸易的，而中间品是可以进行贸易的，因此对复合中间品的生产应该选择价格最低的中间品。假设复合中间品的产量为 Q_n^j，中间品的投入量为 $\gamma_n^j(\omega^j)$，生产函数采取 CES（constant elasticity of substitution，固定替代弹性）的性质，如式（5-11）所示：

$$Q_n^j = \left[\int r_n^j(\omega^j)^{1-1/\sigma^j}\, d\omega^j\right]^{\sigma^j/(\sigma^j-1)} \tag{5-11}$$

其中，σ^j 为中间品生产时的替代弹性。对式（5-11）进行最优化，可以得到 $\gamma_n^j(\omega^j)$ 的需求函数表达式为式（5-12）：

$$\gamma_n^j(\omega^j) = \left(\frac{p_n^j(\omega^j)}{p_n^j}\right)^{-\sigma^j} Q_n^j \tag{5-12}$$

其中，$p_n^j(\omega^j)$ 为出价最低的中间品价格；p_n^j 为价格指数，是国际贸易模型中非常重要的概念，其表达式为式（5-13）：

$$p_n^j = \left[\int p_n^j(\omega^j)^{1-\sigma^j}\, \mathrm{d}\omega^j\right]^{1/(1-\sigma^j)} \qquad （5-13）$$

直观地理解，价格指数反映了一个市场内总体的价格状况，它是市场里所有产品价格的某种方式的加权平均。

正如上文所述，复合中间品相当于 GDP，它可以有两种用途，一种是继续生产中间品，投入量为 $m_n^{k,j}$；另一种是用于最终消费，投入量为 C_n^j。

在国际贸易方面，模型假设只有中间品可以进行国际贸易，而国际贸易是有成本的。国际贸易的成本主要由两部分组成：一部分是传统的贸易成本，包括关税、运输成本、保险费、进行贸易过程中必然的消耗等，这里以 τ 表示；另一部分则是价值链协同中产生的成本 d，当国际供应链协同质量较高时，该成本就较低。因此，贸易的总成本为 $k_{ni}^j = \tau_{ni}^j d_{ni}^j$。该成本以冰山成本的形式存在，也就是说，为出口 1 单位的产品，出口国需要事先准备该产品的具体单位量为 k_{ni}^j，尽管抵达目的国时剩余量只有 1 单位，因为运输时其余 $k_{ni}^j - 1$ 单位像冰山一样融化了。

由于市场结构为完全竞争市场，只有出价最低的商品才会被选择。当不存在贸易时，商品的价格单纯地等于边际成本 $\dfrac{c_i^j}{z_i^j(\omega^j)}$，在考虑到贸易成本之后，由于冰山成本的特殊形式，可以直接和原有价格进行相乘，得到新的价格为 $\dfrac{c_i^j k_{mi}^j}{z_i^j(\omega^j)}$。

正如上文所述，n 国对 j 产品的需求会选择所有国家中出价最低的，因此 j 产品在 n 国的价格满足式（5-14）：

$$p_n^j(\omega^j) = \min\left\{\frac{c_i^j k_{ni}^j}{z_i^j(\omega^j)}\right\} \qquad （5-14）$$

在表达式（5-14）中，因为 $z_i^j(\omega^j)$ 为随机变量，所以 $\dfrac{c_i^j k_{ni}^j}{z_i^j(\omega^j)}$ 也是一个随机变量。容易知道，$p_n^j(\omega^j)$ 为随机变量 $\dfrac{c_i^j k_{ni}^j}{z_i^j(\omega^j)}$ 的极小值，它也是一个随机变量，只不过它是一个极值的随机变量，其分布应该收敛到极值分布。这引导学者根据极值分布去设定 $z_i^j(\omega^j)$ 的分布。正如中心极限定理，随机变量均值的分布会收敛到正态分布，根据极值分布的定理，随机变量的极值分布最终会收敛到三种分布形式，根据学者的验证，当 $z_i^j\left(\omega^j\right)$ 采取 Frechet 分布时，可以得到模型的解析解。因此在这里本书也假设 $z_i^j\left(\omega^j\right)$ 服从式（5-15）的 Frechet 分布：

$$\mathrm{pr}\left(z_n^j\left(\omega^j\right)\leqslant z\right)=\exp\left(-\lambda_n^j z^{-\theta^j}\right) \tag{5-15}$$

其中，λ_n^j 为与国家 n 相关的变量；θ^j 为与行业 j 相关的变量。λ_n^j 决定了分布的相对位置，而 θ^j 决定了分布的离散程度。分布靠右的国家，意味着平均而言更高的生产率分布，因此 λ_n^j 可以被看作国家的绝对优势；θ^j 决定了分布的离散程度，生产率分布越分散，最高价格和最低价格的差距越大，就越可以通过发挥比较优势在国际贸易中获益，因此 θ^j 可以被看作国家的绝对优势。

将 Frechet 分布代入 $p_n^j\left(\omega^j\right)$ 的表达式（5-16）中，就可以求出价格的解析解：

$$P_n^j\left(\omega^j\right)=A^j\left[\sum_{i=1}^{N}\lambda_i^j\left(c_i^j k_{ni}^j\right)^{-\theta^j}\right]^{-1/\theta^j} \tag{5-16}$$

将价格的表达式代入需求函数之中，就可以求得每一件产品的总支出，假设 n 国对 j 产品的总支出为 X_n^j，其中，来自 i 国的部分为 X_{ni}^j，那么，它可以表示为式（5-17）：

$$X_{ni}^j=\frac{\lambda_i^j\left(c_i^j k_{ni}^j\right)^{-\theta^j}}{\sum_{h=1}^{N}\lambda_h^j\left(c_h^j k_{nh}^j\right)^{-\theta^j}}X_n^j \tag{5-17}$$

对式（5-17）左右两边取对数，并且进行一定变换，可以得到式（5-18）：

$$\ln X_{ni}^j=\ln X_n^j+\ln\left(\lambda_i^j\right)-\theta^j\ln\left(c_i^j\right)-\theta^j\ln\left(k_{ni}^j\right)-\ln\left(\sum_{h=1}^{N}\lambda_h^j\left(c_h^j k_{nh}^j\right)^{-\theta^j}\right) \tag{5-18}$$

这里 k_{ni}^j 可以表示成传统的贸易成本和供应链协同的成本的函数，将其展开，可以得到式（5-19）：

$$\ln X_{ni}^j=\ln X_n^j+\ln\left(\lambda_i^j\right)-\theta^j\ln\left(c_i^j\right)-\theta^j\ln\left(d_{ni}^j\right)-\theta^j\ln\left(\tau_{ni}^j\right)-\ln\left(\sum_{h=1}^{N}\lambda_h^j\left(c_h^j k_{nh}^j\right)^{-\theta^j}\right) \tag{5-19}$$

式（5-19）可以分为以下部分：一是 $\ln X_n^j$，与目的国 n 相关的变量；二是 $\ln\left(\lambda_i^j\right)-\theta^j\ln\left(c_i^j\right)$，与出口国 i 相关的变量；三是双边的变量 $-\theta^j\ln\left(d_{ni}^j\right)-\theta^j\ln\left(\tau_{ni}^j\right)$；四是常数项 $\ln\left(\sum_{h=1}^{N}\lambda_h^j\left(c_h^j k_{nh}^j\right)^{-\theta^j}\right)$。因此，该模型依然可以认为是广义引力模型的形式，特别地，令 $\ln X_n^j=p_n$，令 $\ln\left(\lambda_i^j\right)-\theta^j\ln\left(c_i^j\right)=p_i$，令 $\ln\left(\sum_{h=1}^{N}\lambda_h^j\left(c_h^j k_{nh}^j\right)^{-\theta^j}\right)=c$，则式

（5-19）可以表示成式（5-20）：

$$\ln X_{mi}^{j} = P_n + P_i - \theta^{j} \ln\left(d_{mi}^{j}\right) - \theta^{j} \ln\left(\tau_{mi}^{j}\right) + c \qquad （5\text{-}20）$$

式（5-20）是一个固定效应引力模型，如果将国家的固定效应 P_n 和 P_i，以及其他的双边变量 τ_{mi}^{j} 加以控制，就可以得到 θ^{j} 的一致估计。在这一模型中，由于 d_{mi}^{j} 代表了供应链协同的成本，容易知道其回归系数 $-\theta^{j}$ 应该为负值。

5.2.3　计量模型与数据说明

为了估计上述系数，本书采取结构式的引力模型，对"多边阻力项"加以控制，模型设定参考 Anderson 和 Lee[13]，基本设定如式（5-21）所示：

$$\ln X_{nit} = \beta_0 + \beta_1 \ln \text{trust}_{it} + \beta_2 \ln \text{infor}_{nt} + \beta_3 \ln \text{trust}_{nt} + \beta_4 \ln \text{infor}_{it} + \beta_5 \ln Y_{it}$$
$$+ \beta_6 \ln Y_{nt} + \beta_7 \ln \phi_{ni} + P_i + P_n + u_t + \varepsilon_{int}$$

$$（5\text{-}21）$$

各变量的含义和计算方法如下。

（1）关键被解释变量：中间品进口量 X_{nit}。衡量标准有两种：一是 t 年度 n 国向 i 国进口中间品总量，即中间品贸易量（tm）；二是 t 年度 n 国向 i 国进口中间品占进口总量的比例，即中间品贸易量占比（tmratio）。数据来自 CEPII 数据库。

在 CEPII 数据库中，本书整理了世界各国 2001~2019 年的双边贸易数据，数据为 HS（harmonized commodity description and coding system，商品名称及编码协调制度）编码 6 位数产品层面的数据。根据 HS 编码，无法识别出产品是否为中间品，而通过 BEC（classification by broad economic categories，按广泛经济类别分类）即可对产品进行有效识别，区分出属于中间品或是消费品等。为此，本书先将 HS 编码和 BEC 编码进行匹配，然后根据 BEC 编码分类识别出产品是否为中间品，最后根据年份和成对国家，对中间品进口量加以匹配。

（2）关键解释变量 1：信息协同能力 infor。一国的信息系统能力受到其信息通信技术的影响，为此本书以信息通信技术的普及率作为信息协同能力的代理变量，主要采用两个指标：一是互联网普及率；二是手机普及率。

相应的数据来自世界银行的 WDI 数据库。被解释变量为双边贸易量，出口国和目的国的信息协同能力均会对其产生影响，因此在实证研究中同时包含出口国和目的国的信息协同能力变量 infor_{nt} 和 infor_{it}。

（3）关键解释变量 2：信任关系能力 trust。一国的信任协同能力除了受其对具体的合作伙伴在实践中所获得的信息影响之外，还受到其本身价值观的影响。这里以世界价值观调查数据来衡量一国的信任情况。

世界价值观调查数据由世界社会科学网络联盟发起，自 1981 年起至 2020 年共进行了 7 次调查，涵盖了 100 多个国家，人口数量占世界总人口的 90% 以上。在世界价值观调查数据中，对于问题"你是否认为周围的人是可以信任的"，以及"你是否认为外国人是可以信任的"，要求被调查者进行打分，具体参考的标准原则是问题符合程度，越高的分数表示越认同这一问题，也就意味着信任水平越高。本书将历次调查的年份与数据集进行匹配，没有调查的年份根据其最近年份的数据进行补齐。被解释变量为双边贸易量，出口国和目的国的信任关系能力均会对其产生影响，因此在实证研究中同时包含出口国和目的国的信任关系能力变量 $trust_{nt}$ 和 $trust_{it}$。

（4）引力模型的相关变量，根据模型设定，共包含以下变量：出口国和目的国 GDP 数据 Y_{it} 和 Y_{nt}，以及两国的地理距离 ϕ_{ni}。其中 GDP 数据来自世界银行的 WDI 数据库，双边地理距离来自 CEPII 数据库。

正如上文所述，如果忽视 P_i 和 P_n 的影响，就有可能造成估计偏差，为此，本书还采取固定效应的方法，将成对国家的固定效应纳入回归模型中加以控制，这样能够促使遗漏变量偏差问题得到有效解决，还能够有效控制时间固定效应。在加入"国家对"的固定效应之后，一切不随时间而变的双边因素都会被加以控制，如两国的地理距离、文化因素、制度因素等；同样，在加入时间固定效应之后，一切仅随时间而变的因素会被加以控制，如某一年发生的对所有国家均产生影响的外部冲击。

在估计时，根据引力模型的一般形式，本书对所有变量都采取了取对数的形式，考虑到有一些变量的取值为零，无法取对数，本书采取先加 1 再取对数的形式。取对数后，变量间的分布与正态分布情况更加接近，也在一定程度上缓解了异方差的问题。由于模型采用多年度双边贸易数据，属于大样本，根据大样本的一致性，估计系数应该为模型真实系数的一致估计。

5.2.4　基准分析结果

采取传统的引力模型和固定效应引力模型进行估计的结果见表 5-7。

表 5-7　引力模型结果

变量	（1） tm	（2） tm	（3） tmratio	（4） tmratio
出口国互联网普及率	0.170 0***	0.182 0***	0.004 9***	0.003 7***
	（77.21）	（25.71）	（17.07）	（3.96）
出口国手机普及率	0.052 3***	0.741 0***	0.024 4***	0.065 5***
	（3.39）	（26.12）	（12.15）	（17.49）

续表

变量	（1） tm	（2） tm	（3） tmratio	（4） tmratio
目的国互联网普及率	0.110 0*** （52.78）	0.006 3 （0.88）	0.003 8*** （14.17）	0.014 3*** （15.10）
目的国手机普及率	0.115 0*** （7.70）	0.147 0*** （5.20）	0.131 0*** （67.79）	0.025 4*** （6.82）
出口国信任 1	2.450 0*** （61.69）	1.760 0*** （34.01）	0.293 0*** （56.76）	0.174 0*** （25.48）
目的国信任 1	2.933 0*** （42.98）	0.006 5 （0.10）	0.070 6*** （7.96）	0.071 2*** （7.96）
出口国信任 2	0.014 2* （1.94）	0.436 0*** （20.73）	0.030 9*** （32.42）	0.083 6*** （30.12）
目的国信任 2	0.296 0*** （42.09）	0.719 0*** （32.05）	0.003 2*** （3.49）	−0.069 3*** （−23.40）
出口国 GDP	1.321 0*** （451.12）	0.555 0*** （16.76）	0.003 4*** （8.83）	0.133 0*** （30.35）
目的国 GDP	1.132 0*** （366.84）	0.824 0*** （25.06）	0.038 3*** （95.57）	0.131 0*** （30.11）
地理距离	−1.573 0*** （−275.73）		−0.027 6*** （−37.20）	
截距项	−40.780 0*** （−186.63）	−0.823 0 （−0.80）	−0.059 6** （−2.10）	5.973 0*** （43.86）
N	228 585	228 585	228 585	228 585
R^2	0.660 0	0.866 0	0.090 6	0.629 0
F	40 348.4	6 805.7	2 071.1	1 789.1

***表示 $P<0.01$，**表示 $P<0.05$，*表示 $P<0.1$

注：括号内为 t 统计量，采取聚类稳健标准误

　　表 5-7 列（1）为传统的引力模型的回归结果，被解释变量为中间品贸易量。由结果可知：①出口国互联网普及率和手机普及率对中间品贸易量的影响均显著为正向，证明出口国的信息协同能力显著提高其全球价值链的参与度；目的国的互联网普及率和手机普及率对中间品贸易量的影响均显著为正向，证明目的国的信息协同能力也会显著提高其全球价值链的参与度。②以两种指标衡量（信任 1 为"你是否认为周围的人是可以信任的"；信任 2 为"你是否认为外国人是可以信任的"），无论是出口国还是目的国，信任的估计系数均显著为正值，即使出口国信任 2 指标的估计系数，也有 0.1 的显著性水平，证明出口国和目的国的信任关

系能力均会显著提升其全球价值链的参与度。③引力模型的变量上，GDP 的系数均显著为正值，且比较接近 1，符合引力模型中 GDP 参数的基本态势，地理距离的影响系数显著为负值，且影响系数也符合以往研究中引力模型的估计结果。

表 5-7 列（2）为固定效应引力模型的回归结果，被解释变量依然为中间品贸易量。由结果可知：①出口国互联网普及率和手机普及率对中间品贸易量的影响均显著为正向，而目的国互联网普及率和手机普及率影响系数也为正值，但目的国互联网普及率影响系数并不具有统计意义上的显著性，再次证明出口国和目的国的信息协同能力显著提高其全球价值链的参与度，且出口国的某些指标相比目的国更加重要；②以两种指标衡量，无论是出口国还是目的国，信任的估计系数均为正值，但目的国信任 1 指标并不显著，再次证明出口国和目的国的信任关系能力均会显著提升其全球价值链的参与度，且出口国比目的国更加重要；③引力模型的变量上，GDP 的系数均显著为正值，由于加入了"国家对"的固定效应，一切不随时间而变的双边变量均被控制，为防止共线性问题，地理距离变量被约去。

表 5-7 列（3）为传统的引力模型的回归结果，被解释变量为中间品贸易量占比。由结果可知：①出口国和目的国互联网普及率和手机普及率对中间品贸易量占比的影响均显著为正向，再次证明出口国和目的国的信息协同能力显著提高其全球价值链的参与度；②以两种指标衡量，无论是出口国还是目的国，信任的估计系数均显著为正值，再次证明出口国和目的国的信任关系能力均会显著提升其全球价值链的参与度。

表 5-7 列（4）为固定效应引力模型的回归结果，被解释变量依然为中间品贸易量占比。由结果可知：①出口国和目的国互联网普及率和手机普及率对中间品贸易量占比的影响均显著为正向，再次证明出口国和目的国的信息协同能力显著提高其全球价值链的参与度；②以两种指标衡量，无论是出口国还是目的国，信任的估计系数均显著为正值，再次证明出口国和目的国的信任关系能力均会显著提升其全球价值链的参与度。

5.2.5 交互效应结果

为检验信息协同和信任关系是否在促进全球价值链参与方面具有交互效应，同样在传统的引力模型基础上增加交互项，见式（5-22）：

$$\ln X_{nit} = \beta_0 + \beta_1 \ln trust_{nt} + \beta_2 \ln infor_{nt} + \beta_3 \times \ln trust_{nt} \times \ln infor_{nt}$$
$$+ \beta_4 \ln trust_{it} + \beta_5 \ln infor_{it} + \beta_6 \times \ln trust_{it} \times \ln infor_{it} \qquad （5\text{-}22）$$
$$+ \beta_7 \ln Y_{it} + \beta_8 \ln Y_{nt} + \beta_9 \ln \phi_{ni} + P_i + P_n + u_t + \varepsilon_{int}$$

由于信息协同和信任关系各有两个代理变量，为防止变量过多，本书采取两两汇报的方式呈现交互效应的回归结果。以中间品贸易量为被解释变量的回归结果见表 5-8。

表 5-8　交互效应回归：以中间品贸易量为被解释变量

变量	tm							
	（1）	（2）	（3）	（4）	（5）	（6）	（7）	（8）
出口国：互联网普及率×信任 1	0.336 0***				0.393 0***			
	（25.52）				（23.35）			
目的国：互联网普及率×信任 1	0.396 0***				0.177 0***			
	（17.31）				（9.03）			
出口国：互联网普及率×信任 2		0.018 9***				0.071 6***		
		（7.88）				（20.84）		
目的国：互联网普及率×信任 2		0.218 0***				0.076 7***		
		（87.31）				（20.86）		
出口国：手机普及率×信任 1			0.176 0***				0.097 2***	
			（7.21）				（5.13）	
目的国：手机普及率×信任 1			0.023 3				0.072 2***	
			（1.33）				（4.65）	
出口国：手机普及率×信任 2				0.208 0***				0.104 0***
				（51.43）				（24.12）
目的国：手机普及率×信任 2				0.166 0***				0.008 0**
				（46.16）				（2.07）
截距项	−40.310***	−43.710***	−38.780***	−41.700***	1.535	14.020***	−1.901***	−2.845***
	（−115.94）	（−380.84）	（−151.69）	（−539.59）	（1.34）	（12.84）	（−3.48）	（−5.42）
N	228 585	228 585	426 646	426 646	228 585	228 585	426 646	426 646
R^2	0.659	0.663	0.664	0.669	0.865	0.865	0.844	0.845
F	48 983.3	50 037.8	93 762.4	95 933.5	6 813.2	6 836.2	10 383.4	10 428.6

***表示 $P<0.01$，**表示 $P<0.05$
注：括号内为 t 统计量，采取聚类稳健标准误

表 5-8 列（1）~列（4）为传统的引力模型的回归结果，列（5）~列（8）为固定效应引力模型的回归结果，限于篇幅，只汇报了交互项的系数情况。由表 5-8 可知，除目的国手机普及率和信任 1 指标的交互效应之外，均显著为正值。即信任关系能力的提高有助于信息协同对参与全球价值链的促进作用，反之，信息协同能力的提高也有助于信任关系对参与国际物流供应链的促进作用。

表 5-9 汇报了以中间品贸易量占比为被解释变量的回归结果。

表 5-9 交互效应回归：以中间品贸易量占比为被解释变量

变量	tmratio							
	（1）	（2）	（3）	（4）	（5）	（6）	（7）	（8）
出口国:互联网普及率×信任1	0.133 0*** （78.15）				0.073 1*** （32.94）			
目的国:互联网普及率×信任1	0.050 5*** （17.03）				0.012 4*** （4.78）			
出口国:互联网普及率×信任2		0.001 2*** （3.74）				0.002 3*** （5.12）		
目的国:互联网普及率×信任2		0.002 3*** （6.88）				0.003 6*** （7.50）		
出口国:手机普及率×信任1			0.105 0*** （32.63）				0.089 0*** （35.59）	
目的国:手机普及率×信任1			0.001 5 （0.66）				0.001 4 （0.66）	
出口国:手机普及率×信任2				0.012 0*** （22.36）				0.017 2*** （30.27）
目的国:手机普及率×信任2				0.009 7*** （20.37）				0.006 4*** （12.49）
截距项	−1.514*** （−33.63）	−0.023 （−1.51）	0.589*** （17.45）	0.334*** （32.52）	5.387*** （35.81）	6.815*** （47.30）	4.848*** （67.22）	4.712*** （68.15）
N	228 585	228 585	426 646	426 646	228 585	228 585	426 646	426 646
R^2	0.091 9	0.055 2	0.050 5	0.056 1	0.627 0	0.627 0	0.560 0	0.564 0
F	2 571.0	1 484.7	2 519.0	2 816.3	1 796.2	1 794.1	2 434.2	2 474.6

***表示 $P<0.01$

注：括号内为 t 统计量，采取聚类稳健标准误

表 5-9 列（1）~列（4）为传统的引力模型的回归结果，列（5）~列（8）为固定效应引力模型的回归结果，同样只汇报了交互项的系数情况。由表 5-9 可知，除目的国手机普及率和信任 1 指标的交互效应之外，均显著为正值。同样证明，信任关系能力的提高有助于信息协同对参与全球价值链的促进作用，反之，信息协同能力的提高也有助于信任关系对物流供应链协同管理的促进作用。

5.3 本 章 小 结

本章根据第 3 章和第 4 章的理论分析提出可验证的假说，针对三个基本假说，

分别从国内物流供应链和国际物流供应链两个角度进行实证分析。

（1）国内物流供应链的实证研究。首先，基准模型结果证明，企业所在省（区、市）的信任度及企业主要合作伙伴所在省（区、市）的信任程度，均可以显著降低纠纷次数，提升合作持续时间，进而证明了信任关系对物流供应链协同管理的促进作用；企业对信息技术的使用也可以显著降低纠纷次数，提升合作持续时间，进而证明了信息协同对供应链协同管理的促进作用。其次，双边信任结果表明，企业对合作伙伴的信任程度，以及合作伙伴对企业的信任程度，均可以显著降低纠纷次数，提升合作持续时间，结论与基准分析相一致。将双边信任划分为不同的模型进行分析，发现相互高信任关系相比不平衡信任关系对供应链协同的促进作用最大；不平衡信任关系中，合作方更信任本企业的不平衡信任关系比本企业更信任合作方的不平衡信任关系影响更大。再次，内生性检验结果表明，第一阶段方言距离和双边信任显著负相关，工具变量的选择合适；第二阶段的结果仍然基本支持基准模型的结论。最后，为检验信任关系和信息协同的交互效应，本书引入二者的交互项进行模型估计，结果表明二者具有显著的交互效应，且交互效应的系数符合假说成立，即信息协同水平高的企业，信任关系对物流供应链协同的促进作用更高；反之，信任程度高的企业，信息协同对物流供应链协同的促进作用也更高。

（2）国际物流供应链的实证研究。首先，分别将信息协同和信任关系因素代入传统的引力模型和固定效应引力模型之中，分析其对国际物流供应链参与的影响。研究结果表明，各国的信任状况和信息技术普及程度，均可以显著提高中间品贸易量，以及中间品贸易量占比，进而侧面证明信息协同和信任关系对全球价值链协同管理的促进作用。其次，为验证信息协同和信任关系的交互效应，引入了二者的交互项进行引力模型估计，结果表明二者具有显著的交互效应，且交互效应的系数符合假说 5.3，即信息技术普及程度高的国家，信任关系对其参与国际物流供应链的影响更高，反之，信任程度高的国家，信息技术普及对其参与国际物流供应链的影响也更大。

第6章 基于区块链技术的物流供应链企业间信任关系重塑机理分析

第4章和第5章验证了信息协同和信任关系对物流供应链协同管理的重要促进作用，本章分析传统物流供应链企业间面临的信息协同和信任关系的困境，分析区块链技术对于信息协同和信任关系的影响路径，在"牛鞭效应"场景下构建数理模型，验证区块链技术对信息协同和信任关系的驱动作用。

6.1 基于区块链技术的供应链协同管理的信息协同机理

6.1.1 传统供应链企业间信息协同的困境

信息协同机制在供应链管理中具有重要意义，行业的转型升级对信息协同提出更高的标准和要求，信息不透明在供应链流程中引发的缺点和不足日益暴露。

1. 中心化现象严重

供应链的协同与管理，主要是由核心企业领导的，核心企业负责确定供应链优化目标，组成供应链联盟，命令和控制联盟内企业。在供应链之间的信息流动也需要通过核心企业进行控制，数据资源的应用、传递和分配由核心企业领导，属于典型的中心化管理的特征。

以核心企业为中心的供应链网络，在数据管理上严重依赖核心企业，数据库的构建、管理、改进和分享由核心企业负责，核心企业还掌握了供应链过程中的信息，对非核心企业而言构成巨大的信息不对称，核心企业还会利用其地位优势，设置各种壁垒阻止其他企业利用数据信息，从而降低了数据库使用的频率，提高了整个供应链企业的信息成本和交易成本，也加重了供应链协同的风险。当生产企业处于核心地位时，由于生产企业只需要将商品销售给分销商就可以获得利润，从分销商到消费者这一链条内的信息对于生产企业而言不会创造利润，但是对于分销商和销售商而言，这一部分信息直接影响到消费者的购买速度和生产库存变化。当数据管理处于中心化时，中心企业和供应链整体利益存在不一致，则信息共享的程度和效率会大幅受挫，从而反过来影响供应链协同，损害供应链的整体利益。

2. 缺乏有效制约机制

（1）以传统契约为核心的联盟关系较为脆弱。当企业依靠自觉履行合作关系时，无法保证合作关系一定可以履行；而当企业通过签订契约进行合作，通过对契约的强制执行来维护合作关系时，由于契约的不完备，也会存在一些漏洞和可乘之机。根据契约经济学的理论，未被契约包含的事项会带来"敲竹杠"问题，掌握更多信息的企业或者对契约有解释权的企业获得了"剩余控制权"，会因此而损害其他企业利润，如强迫其他企业按照自己的偏好进行合作。由于企业是不完备的，第三方机构也无法介入来维护其他企业的合法权益。

（2）供应链的维持较为松散，缺乏稳定性。供应链企业之间的信息属于外部的信息交换，企业之间没有直接的利益关系，容易存在信息交流不畅通，部分关键信息被控制的问题，当联盟的外部利益较大时，被制约的企业会抛弃现有的联盟，加入新的供应链之中，从而带来整个供应链的断裂。

（3）信息协同中存在道德风险问题。在信息不对称的条件下，企业有动机偏离原有的合同和合作意愿，损害其他企业的利润，造成道德风险问题，如上游企业供应的商品质量问题，或下游企业向上游企业隐瞒其盈利状况及真实的市场信息等。这种主观地隐藏信息或提供虚假信息不但损害了直接相关企业的利益，还加剧了整个供应链的脆弱性。

3. 信息共享的质量和效率较低

（1）信息分享的外部安全程度较低。信息共享的质量取决于数据是否安全可靠，这需要对数据库资源进行有效的保护和维护，以往的供应链管理依赖初级的电脑安全管理方式，如电脑自带的防火墙、杀毒软件等，但随着外部的网络攻击不断升级进化，传统的数据安全保护措施相形见绌。关键信息的暴露会对企业造成巨大利益受损，无法保证信息分享的安全性，就会降低企业分享信息的积极性。

（2）信息分享的内部风险较高。由于供应链企业间信息协同要求整个供应链信息向合作伙伴公开，每个合作伙伴都有较大权限查阅以至于修改信息。现有的信息协同系统无法保证供应链内部企业对信息的不当利用甚至篡改，带来较大的内部风险。

（3）信息分享不及时，存在滞后性。传统的信息分享机制较多依赖人工处理，较少依赖自动化处理，当人工处理不及时时，信息的更新和分享便存在滞后。此外，不同企业间的信息系统具有较大差异，当不同系统的兼容性较差时，需要花费时间和精力进行协调，导致信息交流不畅。

6.1.2　区块链技术促进物流供应链企业间信息协同分析

随着区块链技术的发展，相应的研究越来越凸显其在信息共享中的作用，分布式账本[290]、密码学[291]、智能合约[292]等技术对于改善信息共享起到了关键作用。下面基于上述文献，详细论述区块链影响信息协同的作用路径。

1. 利用分布式记账和多中心分布存储技术改善信息协同中的过度中心化问题

区块链信息由多个企业共同参与，进行记录和确认，形成分布式记账。任何交易信息都可以在供应链之间畅通流动，供应链中的企业可以对信息进行共同管理和分享。企业在进行交易时，任何信息都被区块链技术及时记录，任何节点企业都可以访问这些信息。传统的中心化数据储存形式被改造为多中心的分布式储存形式，在供应链上的信息被多级分享。合约也以智能合约的形式在分布式账本签署，区块链技术根据合约按照规定好的时间进行资金的流动，从而保证了信息的真实有效，不容篡改。分布式记账解决了传统信息系统中过度依赖中心企业的问题，供应链中任何一家企业均可以平等地分享和访问信息，信息的透明和真实性也保证了大企业无法通过信息优势掠夺中小企业的利益。

2. 智能合约和多种激励形式提高信息分享的执行力度

传统的契约管理严重依赖第三方机构的介入，治理水平影响到企业是否可以合理执行，引入智能合约之后，在触发条件满足时，计算机自动执行合约，满足了契约执行的及时性和强制性，从而解决了供应链合作松散的问题。当智能合约可以保证契约履行之后，契约的设计显得尤为关键，区块链技术的推广会形成强大的对于优质契约的需求，催生专业化的契约设计行业，针对行业生产与合作的特点，设计定制化的契约，随着契约设计能力的提高，契约的不完备问题大大降低。

解决执行力度问题，一方面依靠契约的强制执行，另一方面则依靠企业提升分享信息的积极性。正向激励可以提高企业合作意愿，区块链技术的引入，可以通过区块链奖励机制、积分与积分换购、电子货币等激励形式，提高企业分享信息的积极程度，对于分享信息较多的企业给予更多积分，从而促进企业提高信息的分享力度和信息质量，区块链的不可篡改性可以保证正向激励规则的有效性。

3. 通过非对称加密、时间戳、哈希函数、Merkle 树等技术，保证数据分析的安全性

非对称加密、时间戳、哈希函数、Merkle 树等技术，使得区块链成为最为有效的信息共享技术。时间戳技术保证了分布式记账之后的数据中具有时间信息，从而信息变得可追溯。从供应商到销售者的一整套流程中的信息全部被保存在区块链中，而加密技术保证了上述信息无法被篡改，这些信息在供应链信息协同系统与平台中全部共享，形成分布式储存，所有节点企业均可以访问实时信息，从而保证了信息共享的安全性及信息贡献的及时性。

6.2　基于区块链技术的物流供应链企业间信任关系重塑机理

6.2.1　传统物流供应链企业间信任关系困境

与信息协同一样，信任关系在供应链管理中同样具有重要意义，目前也面临着行业转型升级带来的诸多挑战。

（1）供应链企业间信任关系不平等。传统的供应链企业间业务往来主要依赖于中心企业的主导，因此信任关系也严重依赖于中心企业，如基于对生产商的信任或者基于对供应商的信任等，中心企业的信任程度成为影响供应链内其他企业信任关系的重要因素。由此引发供应链上下游企业地位不平等，导致中心企业可能利用其他企业的信任产生机会主义的举动，从而损害整个供应链利益，或中心企业的失灵会带来整个供应链协作受损等。

（2）契约型信任关系的培育中存在监管失灵的问题。契约型信任是信任关系的根基，只有对失信行为进行相应的惩罚才能够培养长期稳定的信任关系。根据不完备契约理论，由于人是有限理性的，契约不可能包含所有情况和事项，即使执法效率很高，契约也无法规制全部行为，况且现实世界还存在监管缺陷，依赖于现有的契约结构无法有效建立信任关系。

（3）企业间信任水平依赖于可掌握的信息获取程度。企业的能力和过往经历是能否与其建立信任关系的重要指标，而这依赖于信息获取程度，一般需要与企业在长期交往过程中才能够获取，并且在信息不对称的条件下，企业有动

机隐藏不利信息，或者夸大有利信息，这加深了其他企业的猜疑。

（4）供应链企业间文化不相容导致信任关系难以建立。随着供应链的扩大，具有较大生产能力、较好组织方式、较好价值观的企业被纳入同一个生产分工之中，在全球价值链下，不同社会制度、文化习俗、语言文字的企业需要建立合作关系，而信任关系往往发生在相似企业之间，这些差异巨大的企业，在没有统一的交往范式、价值观等因素影响之时，很难建立有效的信任关系。

6.2.2　区块链技术促进物流供应链企业间信任关系分析

将区块链技术的基础文献和前文分析的传统信任关系缺陷进行对照和分析，总结出区块链改进信任关系的影响渠道。

1. 区块链技术可以弥补中心化信任关系结构的不足

正如上文所述，传统的制度信任存在一定的缺点和不足，交易双方可能因存在道德风险或机会主义动机而违约，信任的"中心"也有可能失灵，争端解决的制度和机制也存在一定缺陷。中心化的信任结构中，信任中心的作用尤其重要，信任中心的失灵可能会导致整个供应链内信任关系的土崩瓦解。运用区块链技术，可以弥补上述中心化信任关系结构的不足。

（1）区块链上的企业不需要考虑交易对手的信任程度。传统的信任结构需要了解对手的具体情况，从而进行准确的判断，做出更加精准的决策，如了解履约能力与情况等，做到知己知彼、信任对方，但区块链技术中的公钥和私钥技术，可以使交易双方直接检验交易的真实性，从而根本不需要考察交易对手是否可信。

（2）区块链上企业无须依赖信任中心。传统的信任关系依赖供应链中的中心企业，但区块链中的分布式记账技术意味着区块链网络中的节点均可以对区块链中的交易信息进行确认，且可以保证这些信息无法被篡改，从而弥补了中心化企业的缺点，防止中心化企业的道德风险问题。

（3）区块链上企业不需要担心违约时制度无法有效实行的问题。当信任关系破灭时，需要通过一定的争端解决机制处理相关问题，在传统的信任关系结构中，这取决于争端解决机制的销量，但在区块链中，根据设定好的程序和条件，在满足条件时契约的内容自动执行，从而避免了这一问题。

从本质上讲，区块链的信任机制是对计算机代码的信任，而不是对交易对手、信任中心和第三方机构的信任，属于一种脱离了人的因素的更高阶的信任关系，这种信任与交易对手、信任中心和第三方机构没有任何关系，企业并不是信任它们，而是信任计算机代码，因此又被称为没有信任的信任。

2. 区块链技术可以通过智能合约等技术的引入建立有约束力的激励机制

区块链合约层的核心是智能合约系统。传统的合约在交易双方签订之后具有法律效力，通过第三方机构来确保合约执行，对于不履行合约的一方按照合约的内容进行相应的惩罚，由第三方机构保证上述事项的执行，而智能合约由交易双方商定并确定合约内容，对合约设定触发机制，将合约代码化并引入区块链之中，当触发机制满足时，合约自动执行。

（1）智能合约体现了供应链成员制定的满意契约。供应链双方充分考虑到彼此的利益，根据满意原则制定智能合约，满意契约有助于厘清交易双方的分歧，互相满足对方的合理利益要求，从而提高了企业之间合作的成功率。信任是在企业之间多次重复的相互合作之中培育起来的，企业的合作必然会带来契约，以及契约的执行，契约即企业信任的结果，也反过来有助于提高企业间的信任程度，智能合约的出现，通过科学化的契约安排提高了企业之间的信任关系。

（2）智能合约的奖惩激励有助于提高企业间的信任程度。对守信行为进行奖励，对失信行为进行惩罚，一方面可以保证企业应有的合法权益，另一方面通过激励机制培育企业守信的习惯，促进信任关系的形成。在信息不对称和契约不完备的前提下，契约执行面临着道德风险和不可避免的失信行为，当智能合约封装了奖惩激励措施时，满足相应触发条件之后，智能合约对相应的失信行为自动进行惩罚，从而有助于培育有效的执行机制。

（3）失信行为的监督和发掘也直接影响信任关系的构建，区块链中的时间戳技术保证了分布式记账后的数据中具有时间信息，从而信息变得可追溯。从供应商到销售者的一整套流程中的信息全部被保存在区块链中，而加密技术保证了上述信息无法被篡改，这些信息在供应链信息协同系统与平台中全部共享，违规和失信行为的信息可以被有效追溯，通过整个供应链信息的追溯，精确定位到违规和失信企业，并且违规和失信行为的信息能够被所有企业查阅，从而提高了制止失信行为的效率。

3. 区块链技术在共识层面建立供应链内企业共同的信任价值观

信任不但具有经济属性，更具有文化属性。从文化角度看，共同的信任价值观的培养有助于信任的建立，这一共同的信任价值观的培养可以来自企业使用同样的共识机制。

区块链的共识层面主要指区块链中的共识算法，共识算法有助于企业在区块链网络中，保证各项数据的真实性与区块链的有效性。共识机制对于区块链社群具有重要意义，是非常重要的一个基本治理机制。该机制一方面促进了区块链成员之间的相互信任，另一方面有助于培育共同的价值观。此外，区块链技术的发明具有强大的精神理念，包括共享、开放、透明、互惠等，对这一精神理念的认可使得企业可以采取这一技术，反过来也可以促进这些企业构筑共同的信念和价值观，促使其价值观的趋同性，从而构建共同的信任价值观体系。

4. 区块链技术有助于企业建立统一的交往范式

根据公共关系学的基本理论，供应链内部企业共同的交往方式会对企业间信任关系的建立产生直接影响，如企业间具有共同的沟通方式、业务处理方式和争端解决方式等。区块链的基本技术，如非对称加密、时间戳、哈希函数、Merkle树等技术，相当于为企业提供了统一的交往范式，在日积月累中有助于培育企业的信任关系。

6.3　基于区块链技术的物流供应链企业间信任关系数理模型构建

6.3.1　基于区块链技术的供应链协同管理信息协同数理模型

在供应链研究中，需求信息从下游传播至上游时出现的信息损失和放大效应，被称为"牛鞭效应"，本书在"牛鞭效应"的基础上建立数理模型。该模型包含一个二级的供应链系统，消费者的需求具有不确定性，需求信息在供应链的传递过程中具有信息损失，企业根据失真的信息进行决策，具体设定如下。

假设供应链由一个产品供应商和一个产品零售商组成。市场需求为 x，为随机变量，概率密度函数为 $f(x)$，累计分布函数为 $F(x)$。市场需求经过"牛鞭效应"而放大，放大后的需求为 y。

零售商对供应商的需求为 D，对供应商的需求也会经过"牛鞭效应"而放大，最终使得供应商的产量为 Q。

假设"牛鞭效应"的放大效果为 t，满足：$t=(1-\beta\omega)\delta$。其中，ω 为区块链的引入程度，β 为区块链对"牛鞭效应"的影响系数，可知 $\dfrac{\partial t}{\partial \omega}=-\beta\delta<0$，意味着引入程度越高，"牛鞭效应"越小，体现了区块链对信息失真的抑制作用。δ 衡量了系统中信息的混乱程度。

同时，引入区块链技术也需要付出成本，成本函数为 $C_b=\dfrac{1}{2}\lambda\omega^2$。一阶导数满足 $\dfrac{\partial C_b}{\partial \omega}=\lambda\omega>0$，意味着区块链引入程度越高，则成本越高；二阶导数满

足 $\dfrac{\partial^2 C_b}{\partial \omega^2} = \lambda > 0$，意味着引入区块链技术具有边际成本递增的特性。

经过"牛鞭效应"的放大，消费端的需求 y 和真实需求 x 的关系如下：

$$y = x + t = x + (1 - \beta\omega)\delta \tag{6-1}$$

相似地，供应商的产量 Q 和零售商对供应商的需求 D 的关系如下：

$$Q = D + t = D + (1 - \beta\omega)\delta \tag{6-2}$$

零售商的销售价格为 p_r，销售的边际成本为 C_r，供应商的销售价格为 p_s，生产的边际成本为 C_s。

对于零售商而言，其对上游产品的需求为 D，而经过"牛鞭效应"放大的市场需求为 y，因此产品销售量取决于二者之中最小的。当对上游产品的需求小于放大后的市场需求时，多余的市场需求无法满足，因此销售量取决于 D；相反，当对上游产品的需求大于放大后的市场需求时，多余的货物无法被市场消化，销售量取决于 y。当对上游产品的需求大于市场需求时，多余的货物无法出售，假设此时的残值为 v，则无法出售的产品数量等于 $D-y$。然而，货物的数量不能为负值，该取值必须大于 0，即使 y 大于 D 时，也需要取 0。

综上所述，对于每一个 y，零售商的收益为式（6-3）：

$$R_r = p_r \times \min(D, y) + v \times \max(D - y, 0) \tag{6-3}$$

由于真实市场需求 x 为随机变量，经过"牛鞭效应"放大的 y 也是随机变量，零售商只能根据 $f(x)$ 得到其期望收益，可以表示为式（6-4）：

$$\mathrm{ER}_r = \mathrm{pr} \times E\big(\min(D, y)\big) + v \times E\big(\max(D - y, 0)\big) \tag{6-4}$$

由于 $y = x + t$，y 的期望可以表示为：$Ey = \int_{-\infty}^{+\infty} y f(y - t)\mathrm{d}y$。$y$ 和 x 均应该大于 0，因此积分只取 t 以上的部分。同时，根据 $\min(D, y)$，当 y 大于 D 时，y 应该退化为 D，因此该期望应该为分段函数。同理，根据 $\max(D - y, 0)$，当 y 大于 D 时应该取 0，因此计算期望时只取 t 到 D 的部分。期望收益可以表示为式（6-5）：

$$\mathrm{ER}_r = p_r \times \left(\int_t^D y f(y - t)\mathrm{d}y + \int_D^{+\infty} D f(y - t)\mathrm{d}y \right) + v \times \int_t^D (D - y) f(y - t)\mathrm{d}y \tag{6-5}$$

变化形式，可以得到式（6-6）：

$$\begin{aligned}\mathrm{ER}_r &= p_r \times \left(\int_t^D y f(y - t)\mathrm{d}y + D\int_D^{+\infty} f(y - t)\mathrm{d}y \right) + v \times D \times \int_t^D f(y - t)\mathrm{d}y \\ &\quad - v\int_t^D y f(y - t)\mathrm{d}y\end{aligned} \tag{6-6}$$

式（6-6）可进一步化简。首先，根据分步积分法：

$$\int y f(y - t)\mathrm{d}y = y F(y - t) - \int f(y - t)\mathrm{d}y = y F(y - t) - F(y - t) = (y - 1) F(y - t)$$

因此式（6-6）可进一步化简为式（6-7）：

$$\int_t^D yf(y-t)\mathrm{d}y = \big((D-1)F(D-t)\big) - \big((t-1)F(0)\big) \tag{6-7}$$

根据累计分布函数的定义，$F(0)=0$，因此 $\int_t^D yf(y-t)\mathrm{d}y = \big((D-1)F(D-t)\big)$。

其次，

$$\int_D^{+\infty} f(y-t)\mathrm{d}y = 1 - F(D-t)$$

最后，

$$\int_t^D f(y-t)\mathrm{d}y = F(D-t) - F(0) = F(D-t)$$

代入可得：

$$\mathrm{ER}_r = p_r\big((D-1)F(D-t)\big) + p_r D\big(1-F(D-t)\big) + vDF(D-t) - v\big((D-1)F(D-t)\big)$$

进一步化简可得式（6-8）：

$$\mathrm{ER}_r = p_r D + (v - p_r)F(D-t) \tag{6-8}$$

零售商的成本共包含：①向供应商支付的价格 p_s；②销售的边际成本 C_r；③引入区块链的成本 $\frac{1}{2}\lambda\omega^2$。期望收益减去成本，可以得到零售商的利润，如式（6-9）所示：

$$E\pi_r = (p_r - p_s - c_r)D + (v - p_r)F(D-t) - \frac{1}{2}\lambda\omega^2 \tag{6-9}$$

供应商的期望收益比较简单，它生产了 Q 单位产品，出售给零售商 D 单位产品，售价为 p_s，剩余的产品数量为 $Q-D$，售价为 v，因此期望利润如下：

$$\mathrm{ER}_s = p_s D + v(Q-D) \tag{6-10}$$

供应商的成本包含：①生产 Q 单位商品的边际成本 c_s；②引入区块链的成本 $\frac{1}{2}\lambda\omega^2$。期望收益减去成本，可以得到供应商的利润，如式（6-11）所示：

$$E\pi_s = p_s D + v(Q-D) - c_s Q - \frac{1}{2}\lambda\omega^2 \tag{6-11}$$

根据"牛鞭效应"的公式 $Q = D + t = D + (1-\beta\omega)\delta$，可以进一步将 Q 约去为式（6-12）：

$$\begin{aligned}
E\pi_s &= p_s D + v(Q-D) - c_s Q - \frac{1}{2}\lambda\omega^2 \\
&= (p_s - c_s)D + (v - c_s)(1-\beta\omega)\delta - \frac{1}{2}\lambda\omega^2
\end{aligned} \tag{6-12}$$

零售商需要选择最优订单 D 及最优的区块链引入水平 ω 以实现利润最大化。供应商首先决定最优订单 D，然后根据 D 的最优水平确定最优的区块链引入水平。

最优订单 D 的一阶条件为式（6-13）：

$$\frac{\partial E\pi_r}{\partial D} = \frac{\partial\left((p_r - p_s - c_r)D + (v - p_r)F(D-t) - \frac{1}{2}\lambda\omega^2\right)}{\partial D} = 0 \quad (6\text{-}13)$$

因此有

$$(p_r - p_s - c_r) + (v - p_r)f(D-t) = 0$$

可以得到最优订单量 D^*，如式（6-14）所示：

$$D^* = f^{-1}\left(\frac{p_r - p_s - c_r}{p_r - v}\right) + (1 - \beta\omega)\delta \quad (6\text{-}14)$$

其中，$f^{-1}(\cdot)$ 为 $f(\cdot)$ 的逆函数。

将 D^* 的表达式代入利润函数之中，求 ω 的一阶条件为式（6-15）：

$$\frac{\partial E\pi_r}{\partial \omega} = \frac{\partial\left((p_r - p_s - c_r)D + (v - p_r)F(D-t) - \frac{1}{2}\lambda\omega^2\right)}{\partial \omega} \quad (6\text{-}15)$$

$$= (v - p_r)f(D-t) \times \beta\delta - \lambda\omega = 0$$

当 D 取到最优订单量 D^* 时，有 $(p_r - p_s - c_r) + (v - p_r)f(D-t) = 0$，也就是

$$f(D-t) = -\frac{p_r - p_s - c_r}{v - p_r}$$

代入一阶条件，可得式（6-16）：

$$(v - p_r) \times \left(-\frac{p_r - p_s - c_r}{v - p_r}\right) \times \beta\delta - \lambda\omega = -(p_r - p_s - c_r)\beta\delta - \lambda\omega = 0$$

$$(6\text{-}16)$$

从而有

$$\omega = \frac{-(p_r - p_s - c_r)\beta\delta}{\lambda}$$

也就是当 δ 大于 0 时（放大效应），最优投入量为 0；当 δ 小于 0 时（缩小效应），最优投入量为 $\dfrac{-(p_r - p_s - c_r)\beta\delta}{\lambda}$。

对于供应商而言，它面临着确定的零售商需求 D，只不过这一需求依然受到"牛鞭效应"影响，因此供应商的决策仅仅为通过投入区块链技术，将这一效应的影响最低化。将零售商的最优需求代入供应商的利润函数，并求解 ω 的一阶条件，可得式（6-17）：

$$\frac{\partial E\pi_s}{\partial \omega} = \frac{\partial\left((p_s - c_s)D^* + (v - c_s)(1 - \beta\omega)\delta - \frac{1}{2}\lambda\omega^2\right)}{\partial \omega} = -\beta(p_s - c_s + v - c_s)\delta - \lambda\omega = 0$$

$$(6\text{-}17)$$

从而有

$$\omega = -\frac{\beta(p_s - c_s + v - c_s)\delta}{\lambda}$$

集中决策时，需要将供应链所有企业的利润之和最大化，因此有式（6-18）：

$$\pi = E\pi_r + E\pi_s = (p_r - p_s - c_r)D + (v - p_r)F(D - t) + (p_s - c_s)D$$
$$+ (v - c_s)(1 - \beta\omega)\delta - \frac{1}{2}\lambda\omega^2 \qquad (6\text{-}18)$$

$$= (p_r - c_r - c_s)D + (v - p_r)F(D - t) + (v - c_s)(1 - \beta\omega)\delta - \frac{1}{2}\lambda\omega^2$$

首先，依然决定最优订单 D 为式（6-19）：

$$\frac{\partial\pi}{\partial D} = \frac{\partial\left((p_r - c_r - c_s)D + (v - p_r)F(D - t) + (v - c_s)(1 - \beta\omega)\delta - \frac{1}{2}\lambda\omega^2\right)}{\partial D} = 0$$
$$(6\text{-}19)$$

解得

$$f(D - t) = \frac{(p_r - c_r - c_s)}{p_r - v}$$

因此 D^* 如式（6-20）所示：

$$D^* = f^{-1}\left(\frac{p_r - c_s - c_r}{p_r - v}\right) + (1 - \beta\varpi)\delta \qquad (6\text{-}20)$$

分散决策时的最优需求量为 $f^{-1}\left(\dfrac{p_r - c_s - c_r}{p_r - v}\right) + (1 - \beta\varpi)\delta$，差别在于 c_s 和 p_s。

最优的区块链技术引进量 ω 如式（6-21）所示：

$$\frac{\partial\pi}{\partial\omega} = \frac{\partial\left((p_r - c_r - c_s)D + (v - p_r)F(D - t) + (v - c_s)(1 - \beta\omega)\delta - \frac{1}{2}\lambda\omega^2\right)}{\partial\omega}$$
$$= (v - p_r)f(D^* - t)\beta\delta - (v - c_s)\beta\delta - \lambda\omega = 0$$
$$(6\text{-}21)$$

将 $f(D^* - t) = \dfrac{(p_r - c_r - c_s)}{p_r - v}$ 代入得

$$\frac{\partial\pi}{\partial\omega} = (v - p_r)\frac{(p_r - c_r - c_s)}{p_r - v}\beta\delta - (v - c_s)\beta\delta - \lambda\omega = 0$$

可以得到最优的 ω^* 为式（6-22）：

$$\omega^* = \frac{-(p_r - c_r + 2c_s + v)\beta\delta}{\lambda} \qquad (6\text{-}22)$$

作为对比，零售商决策时的最优投入为式（6-23）：

$$\omega_r^* = \frac{-(p_r - p_s - c_r)\beta\delta}{\lambda} \tag{6-23}$$

供应商决策时的最优投入为式（6-24）：

$$\omega_s^* = -\frac{(p_s - c_s - c_s + v)\beta\delta}{\lambda} \tag{6-24}$$

因此有

$$\omega^* - \omega_r^* = (2c_s - v - p_s) \times \frac{\beta\delta}{\lambda} \tag{6-25}$$

$$\omega^* - \omega_s^* = (c_r + c_s p_r - p_s) \times \frac{\beta\delta}{\lambda} \tag{6-26}$$

这意味着，当生产成本足够大，或者无法出售商品的价值足够小时，过度生产的损失较大，此时分散决策的最优区块链投入量不足。

经过模型分析，可以得出如下结论。

（1）当 ω 为正时，意味着引入区块链技术有助于提高企业利润，引入区块链技术是有成本的，但企业的最优选择仍然是引入，其原因就在于区块链有助于弥补信息失调情况，且信息失调程度越高，引入区块链的激励越大。

（2）分散决策时，企业的区块链技术投资无法达到最优水平。这意味着需要通过信任关系加强企业的协调或者将供应链内的区块链纳入统一的平台之中进行投资建设。

6.3.2　基于区块链技术的物流供应链信息协同和信任关系交互数理模型

在 6.3.1 小节所构建的数理模型的基础上，本书将契约和信任因素引入模型之中，分析区块链对信任关系及信息协同的影响。

在上文的模型中，当零售商的最优区块链投入为 0 时，供应商的最优区块链投入为 $\omega_s^* = -\dfrac{(p_s - c_s + v - c_s)\beta\delta}{\lambda}$，此时零售商的最优需求量如下：

$$D^* = f^{-1}\left(\frac{p_r - p_s - c_r}{p_r - v}\right) + \delta \tag{6-27}$$

利润为式（6-28）：

$$E\pi_r = (p_r - p_s - c_r)\left(f^{-1}\left(\frac{p_r - p_s - c_r}{p_r - v}\right) + \delta\right) + (v - p_r)F\left(f^{-1}\left(\frac{p_r - p_s - c_r}{p_r - v}\right)\right)$$

$$\tag{6-28}$$

供应商的利润为式（6-29）：

$$E\pi_a = (p_s - c_s)\left(f^{-1}\left(\frac{p_r - p_s - c_r}{p_r - v}\right) + \delta\right) + (v - c_s)\left(1 - \beta\frac{\beta(p_s - c_s + v - c_s)\delta}{\lambda}\right)\delta$$

$$-\frac{1}{2}\lambda\left(\frac{\beta(p_s - c_s + v - c_s)\delta}{\lambda}\right)^2$$

（6-29）

假设供应商和零售商签订契约，使得零售商分担剩余的区块链投入$(c_r + c_s p_r - p_s) \times \frac{\beta\delta}{\lambda}$，并通过转移支付的形式给予补贴，补贴额为零售商投入的函数$s\omega$，但零售商不能确保一定可以获得转移支付，零售商对可以获得转移支付的主观概率为$p(\omega_s^* + \omega)$，且$\frac{\partial p(\omega_s^* + \omega)}{\partial(\omega_s^* + \omega)} > 0$，也就是区块链技术的引入，可以增加供应商之间的信任。

对于零售商而言，新的利润函数变为式（6-30）：

$$E\pi_r = (p_r - p_s - c_r)D + (v - p_r)F(D - t) - \frac{1}{2}\lambda\omega^2 + p(\omega_s^* + \omega)s\omega \qquad （6-30）$$

对ω进行最优化的一阶条件，变为式（6-31）：

$$\frac{\partial E\pi_r}{\partial\omega} = (v - p_r)f(D - t) \times \beta\delta - \lambda\omega + p'(\omega_s^* + \omega)s\omega + p(\omega_s^* + \omega)s = 0$$

（6-31）

可以变为式（6-32）：

$$-(p_r - p_s - c_r)\beta\delta - \lambda\omega + p'(\omega_s^* + \omega)s\omega + p(\omega_s^* + \omega)s = 0$$

（6-32）

为简化分析，假设主观概率函数为线性：$p(\omega_s^* + \omega) = p\omega_s^* + p\omega$，则一阶条件变为式（6-33）：

$$-(p_r - p_s - c_r)\beta\delta - \lambda\omega + ps\omega + p(\omega_s^* + \omega)s = 0 \qquad （6-33）$$

可以求得零售商的最优区块链投入为式（6-34）：

$$\omega_r^* = \frac{p\omega_s^* s - (p_r - p_s - c_r)\beta\delta}{\lambda - 2ps} \qquad （6-34）$$

为达到最优区块链投入配置，只需要将零售商的最优投入与集中决策时最优的配置联立起来，得到式（6-35）：

$$\frac{p\omega_s^* s - (p_r - p_s - c_r)\beta\delta}{\lambda - 2ps} = \frac{-(p_r - c_r - 2c_s + v)\beta\delta}{\lambda} \qquad （6-35）$$

并求出相应的转移支付价格 s 即可。

对 $\omega_r^* = \dfrac{p\omega_s^* s - (p_r - p_s - c_r)\beta\delta}{\lambda - 2ps}$ 做比较静态分析可知：

（1）信任程度 p 和零售商区块链投入正相关，从而促进企业向供应链最优的区块链投入靠近。

（2）供应商的区块链投入 ω_s^* 和零售商的区块链投入正相关，二者具有互补关系。

经过模型分析可以得到以下结论：

（1）当供应链中企业信任程度较低时，会出现对区块链投入的低效，而区块链技术的引入有助于提高企业之间的信任程度。

（2）信任程度的提高促进了区块链投入，进而提高了企业信息共享的水平，信任关系和信息协同具有正向的交互作用。

6.4 本 章 小 结

本章通过对传统物流供应链企业间信息协同和信任关系遇到的难题进行分析，给出区块链技术的分布式账本、智能合约、加密技术、共识机制等解决路径。以数理模型的形式推导出区块链技术的引入有助于弥补信息失调的情况，可以提高企业利润，企业间信息失调的程度越高，引入区块链的激励越大，说明区块链技术对促进信息协同作用越明显。当分散决策时，区块链技术投资无法达到最优水平，需要通过信任关系加强企业的协调或者将供应链内的区块链纳入统一的平台之中进行投资建设。区块链技术的引入有助于提高企业之间的信任程度，信任程度的提高促进了区块链投入，进而提高了企业信息共享的水平，信任关系和信息协同具有正向的交互作用，印证了区块链技术对信息协同和信任关系的驱动作用。

第7章 基于区块链技术的农产品供应链机器信任平台设计

本章将前文的理论分析应用于实践，在需求分析的基础之上，以区块链为底层技术，以传统物流供应链系统中信息协同和信任关系的痛点为中心，结合区块链技术的核心优势，提出基于区块链技术的农产品供应链企业实现机器信任平台的设计与演示，并将平台应用于落地企业中给出实践运行结果。

7.1 农产品供应链研究样本选择的典型性分析

我国一直是农产品生产与消费大国，农业作为我国的民生之本，具有天然的重要性和优越性。全面推进乡村振兴已上升为国家战略，各行各业发展迅速，居民生活水平显著提高，在农产品消费观念上出现很大变化，需求内容有所改变，从低价多数量变化为高品质有营养，如此对于农业供应链而言提出了更高标准的要求。因此，对农业供应链体系的区块链技术应用研究具有较大的现实性，对促进农业数字化流通具有一定的推动作用[293]。

农业供应链是由农户、贸易商、加工商、零售商、物流配送者和消费者等从田间到餐桌，由上下游各环节企业组成的庞大网络体系[294]。对于农业供应链的管理是农产品上下游相关组织为了降低流通成本，提高产品质量安全和物流仓储及配送服务水平而展开的一体化运营模式。农产品供应链管理是提升农产品生产、加工和流通企业竞争力的重要路径，随着农产品全球化进程加快，产品质量和安全要求变得尤为严格。2017年发布的《国务院办公厅关于积极推进供应链创新与应用的指导意见》指出"将供应链上下游企业全部纳入追溯体系，构建来源可查、去向可追、责任可究的全链条可追溯体系，提高消费安全水平"[295]。在这样的时代背景下，更要对从生产者到消费者各环节组成的农产品供应链进行一体化管理，从上到下保障农产品的质量和安全。但是，从目前我国农业供应链管理实践过程中可以发现存在以下若干问题。

（1）供应链体系统一性和规范性不足。对农产品质量安全的追溯能够保障农产品消费者的食品安全权益，然而目前我国的农产品从最初的生产到后续的加工等各项流程步骤，都不具备统一的食品质量指标，各流通环节食品安全监管也是分段进行，区域经济发展不平衡使得各环节信息资源无法发挥协同效应，无法实现农产品供应链信息的全流程追溯。

（2）一体化资源整合平台不完善。相比其他行业，一方面，农产品供应链涉及中间环节众多，缺乏一体化产品供销系统。消费者购买的农产品需要经过农户、批发商、加工商、零售商多次转运，转运次数越多耗时越久，农产品损失就会越大，其流通成本也就越高。另一方面，农产品具有较短的保质期，在物流运输与仓储方面都有较高要求，供应链环节的增多不利于农产品保鲜。根据中国物流信息中心 2020 年发布的数据，我国的农产品从农户到消费者手中至少要经过四层供应链，水果、蔬菜的平均流通腐损率分别达到 10% 和 19%。与之相对应，美国则已经基本实现冷链物流的全覆盖，其平均损耗率仅为 1%~2%，农产品运输质量极高。

（3）供应链信息传递能力弱。在传统农产品供应链中，农产品供应链呈现上游（生产方）—中间环节（大宗采购方）—下游（消费方）之间信息传递能力弱的现象[296]，无论是生产方还是消费方都难以获得更加及时、丰富的数据信息，未能拥有较多的信息渠道获取到更多的信息，容易被中间商赚取超额利润。这种情况也进一步削弱了从业者的营利能力，限制了从业者改善流通速率、储存条件等的能力。

（4）缺乏具有领导能力的核心企业。结合我国的实际情况，生产者中大部分都是农户，农产品特点鲜明，种植分散、规模较小，受自然环境影响较大，农户由于自身生产经营条件的限制无法扩大生产规模从而无法获得规模效益。当前，农产品供应链核心企业大部分是食品加工零售商，无法实现农产品产业链上下协作，社会化资源无法进行整合配置，使得供应链管理各环节参与者割裂，无法形成一体化的组织协作，进而无法发挥农产品供应链管理配置资源的优势。规模小的企业在供应链中的影响力不大，无法达到农产品供应链作为战略联盟所具备的竞争优势，这就需要更多的企业组织参与其中，建立信息平台以达成这一目标[297]。

对于这些长期存在的社会痛点，政府也十分重视，先后出台了《农产品冷链物流发展规划（2010-2015 年）》、《财务部办公厅　商务部办公厅　关于推动农商互联完善农产品供应链的通知》，以及《城乡高效配送专项行动计划（2017-2020 年）》等文件，其中包括了诸多重要举措，如基础设施建设等，从国家层面鼓励农业供应链的发展，更好地推动农业供应链体系协同管理。

7.2　区块链技术赋能农业供应链分析

与一般商品有所不同，农产品具备自身属性，如分散性与区域性等。农产品对于居民而言，是必不可少的一种产品，具有较小的消费弹性，表现出消费普遍性的一种特性。因此，对于农业供应链而言，与其他行业供应链有所不同。从发展层面进行分析，农业供应链中存在一些问题，如不同环节未能有效衔接，参与者层次不同等。从全局出发，引入区块链技术后可以对市场供需进行精准预测，从而在生产农产品时，无论是数量还是质量、种类等都能够更加符合市场需求，确保得到更好的发展[298]。相比发达国家，国内农产品还存在一定差距，如未能建立健全信息化程度，信息分析与挖掘方面还有待提高。并且对于供应链而言，不同环节的信息内容彼此独立，基本上都是通过人工来完成的，相比国外较为落后，信息化水平较低，存在人为主观判断，未能获得可靠的数据，并且不同环节之间未能有效地共享数据，导致数据来源样本之间的差异较大，难以利用当前数据库完成数据分析与挖掘。利用区块链技术，基于产业链有关的文字和图像等数据信息创建出数据库，从而使得各项流程更加便捷高效，促使流通效率显著提高。

农业供应链涵盖了从最初的种植，到后续的加工和仓储等一系列环节，引入的区块链技术发挥了非常重要的作用[299]。在种植流程中，经营者充分研究当前市场数据信息，结合自身发展情况选择更加适宜的生产方向，从而避免出现市场摩擦造成的"谷贱伤农"问题；在加工流程中，通过供应链即可获得更加科学合理的处理方案，从而实现规模效应，促使运营成本有效降低，另外还可有效提升产品品质；在仓储流程中，区块链技术与农产品编码等诸多方式相结合，可以促使存储日期等更加规范，确保产品具备应有的保鲜度，避免出现不必要的销售纠纷，如产品变质等情况；在配送过程中，"最后一公里"的推出获得了显著成效，实现了农业现代化闭环管理，供应效率明显提高；在销售过程中，销售者通过互联网平台获取到前所未有的销售体验，避免出现中间商加价的价格问题，为产品销售市场透明化、价格公开化提供了有效保障。

7.3　基于区块链技术的农产品供应链机器信任平台架构设计

区块链从不同角度看有很多分类方式。从参与成员角度分类，区块链分为公有链、私有链和联盟链。

公有链中首个广泛应用且得到充分认可的是比特币，而另外一种加密货币以太坊应用的是其他方法，其中包含比特币的一系列特征，通过智能合约创建分布式应用程序平台。基本上，这些都是对任何人开放的公共网络，参与者可以匿名互动。公有链又称非许可链，它具备去中心化的特征，因此对外公开，用户不用获得授权，不用注册就能够对区块链进行访问，节点能自由地进出网络。

私有链，顾名思义即只在私有组织中使用，由私有组织制定区块链网络中参与节点的读写权限和记账权限规则，因此它只能称为广义上的区块链。私有链的应用场景一般是企业内部，如政府的执行和预算、数据库的管理等。其优点在于管理较为方便、能耗较低，缺点在于节点加入受限，与外界网络连接较困难。

联盟链对于用户具有较高的要求，不仅需要完成注册环节，还需要得到相应的授权之后才能够进入网络中，并且成员具有设置权限的权利，如设置读取权限等，适用于机构间的交易、清算或结算等 B2B（business-to-business，企业对企业）场景。

综上所述，基于区块链的农产品供应链管理系统是一个联盟链，因此本书采用著名的联盟链项目 Hyperledger Fabric 进行设计开发。Hyperledger Fabric 具有参与者可信、高事务吞吐量性能、低事务确认延迟等特点。此外，Hyperledger Fabric 是首个支持应用 Go 编写智能合约的分布式账本平台。

基于区块链的农产品供应链管理协同平台系统架构如图 7-1 所示，包括用户服务层、智能合约层、区块链基础层及通信层。

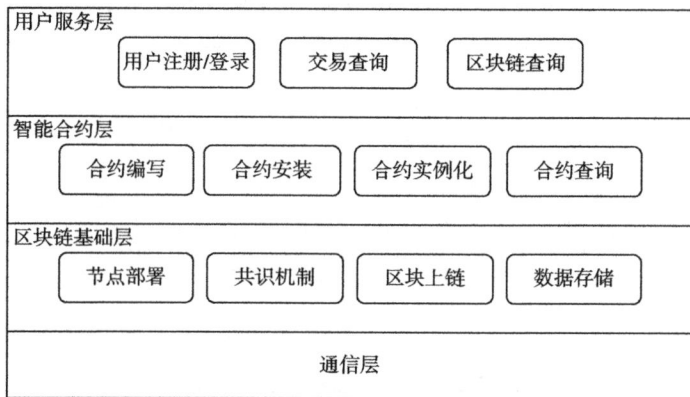

图 7-1　基于区块链的农产品供应链管理协同平台系统架构

第一层为用户服务层，包括三个方面：一是用户在进入平台之前需进行注册和登录；二是用户可以查看自己发布的上链信息，以及查询包括生产单位、仓储单位、运输单位、零售商及消费者等上链的交易记录；三是浏览器中能查询到区块高度、交易信息、节点信息和数据哈希等信息，保证了农产品数据可查询的同时不可篡改，提高了交易透明度。

　　第二层为智能合约层，在 Hyperledger Fabric 中，通过链码来表示智能合约，因为节点在 docker 容器中，所以链码也能在容器内安全地运行，并遵从 gRPC 进行与节点之间的通信。在第二层中将完成整个供应链用户的信息上链等智能合约安装等功能。install 命令负责将链码的源码和环境打包成一个文件安装到节点上，instantiate 命令负责将安装以后的链码在指定通道上进行实例化，在节点上启动容器并进行初始化。合约的调用和查询分别用 invoke 和 query 命令完成。

　　第三层为区块链基础层，包括节点部署、共识机制、区块上链及数据存储。在超级账本 Hyperledger Fabric 中，需通过 docker 等虚拟容器对节点进行部署，完成角色的划分。共识机制就是对上链交易信息的交易顺序、正确性和状态改变达成一致的过程。当完成一致性协议后，区块经验证后被添加到区块链中，并将更新后的状态添加到状态数据库中，状态数据库中存储着状态数据、账本索引、区块索引和历史数据。目前主要包括 LevelDB 和 CouchDB 两种状态数据库。不同于 LevelDB，若交易数据的存储方式为 Json，则 CouchDB 数据库支持数据的富查询。

　　第四层为通信层，主要用于底层网络的通信连接。通信层涉及非对称加密等密码学工具。非对称加密算法示意图见图 7-2。本书设计的信任平台使用椭圆曲线加密技术，它通过椭圆曲线离散对数难题来保证数据发送过程中的安全性。椭圆曲线密码学的特点是假设在相同的安全级别下，所需的密钥长度比最常用的 RSA[①] 公钥加密算法更短。它通过将椭圆曲线上的特定点进行特殊的加法或乘法操作，利用非对称加密算法很难进行反向计算来保证数据的加密性。

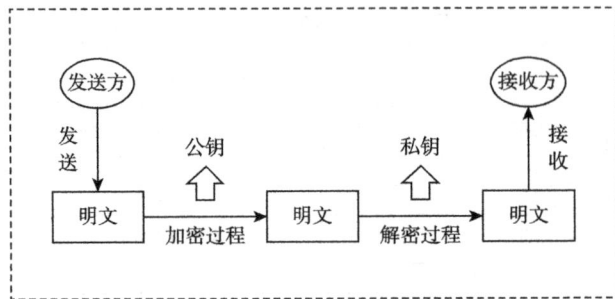

图 7-2　非对称加密算法示意图

7.3.1　基于区块链技术的农产品供应链机器信任平台拓扑结构

　　在农产品供应链中，生产单位将农产品供应给仓储单位，仓储单位将商品通过运输单位售卖给零售商，零售商最终将商品销售给消费者，消费者可以对商品

---

　　① 由 Ron Rivest、Adi Shamirh 和 Len Adleman 开发。

进行评价，结束农产品的整个生命周期。基于区块链的农产品供应链管理协同平台拓扑结构如图 7-3 所示。

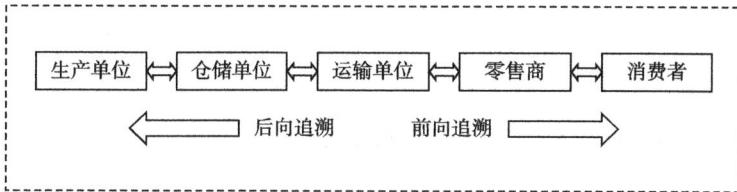

图 7-3 基于区块链的农产品供应链管理协同平台拓扑结构

7.3.2 基于区块链技术的农产品供应链业务主体身份证书生成方法

在基于区块链的农产品供应链管理协同平台中，生产单位、仓储单位、运输单位、零售商及消费者等组织都会拥有一个根证书，根证书由组织自己管理，组织下的节点、用户、管理员由组织进行管理。证书生成方法分为根证书直接生成和中间证书生成两种，以一个组织为例，给出基于区块链的农产品供应链业务主体身份证书生成方法，如图 7-4 所示。根证书可以直接派发节点证书（普通节点和排序节点）、用户证书及管理员证书。除此之外，选择根证书签发证书，如果出现数据泄露的话，将危害整个系统的安全。为了管理方便，根证书可以颁发中间证书，使用中间证书进行证书颁发服务。

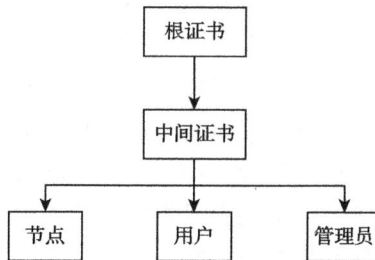

图 7-4 基于区块链的农产品供应链业务主体身份证书生成方法

7.3.3 基于区块链技术的农产品供应链信息构成和传播方法

农产品供应链数据结构包括生产单位、仓储单位、运输单位、零售商及消费者各自上传的与之有关的业务信息，如生产单位需要上传生产地点等数据信息。该系统中生产单位、仓储单位、运输单位、零售商及消费者在供应链运行过程中都可以根据其业务内容传播数据，这些数据经过 P2P 网络进行传播，通过智能合约运行来实现数据一致性。其技术实现方法如图 7-5 所示（zookeeper 表示一个分布式的、开放源码的应用程序协调服务，Kafka 是由 Apache 软件基金会开发的一个开源流处理平台，orderer 表示排序，peer 表示节点）。

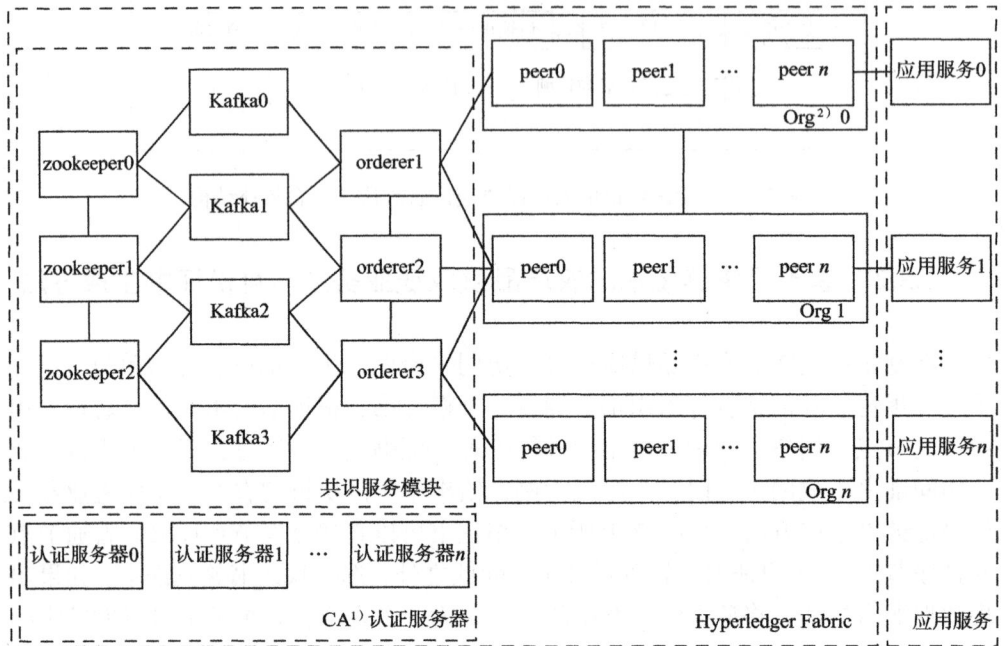

图 7-5　农产品供应链信息上链过程

1）CA：certificate authority，证书颁发机构；2）Org 表示域名，适用于各类组织机构

在基于区块链的农产品供应链管理体系中，生产单位、仓储单位、运输单位、零售商及消费者都会作为区块链网络中的节点参与上链信息的发送、传递及记录，通过智能合约完成数据的一致性校验，使得节点之间维护相同的账本。每个业务主体可以有多个用户，用户通过访问自己组织的节点进行数据的查询、上链，以增加区块链账本的可靠性及系统的稳定性。

7.3.4　基于区块链技术的农产品供应链共识认证方法

在本书研究的基于区块链的农产品供应链管理体系中，农产品供应链管理体系内部产生的信息（生产信息、仓储信息、物流信息、零售商信息及消费者信息）需要通过区块链的 P2P 传播体系进行传播。在传统农产品供应链系统中，农产品质量参差不齐，整个供应链参与主体可信度及稳定性差，也很难实施监督及约束，导致供应链溯源、存证难，供应链成本巨大，以及容易产生安全问题。

　　因此本书引入区块链技术，由生产单位、仓储单位、运输单位、零售商及消费者作为区块链网络的共识认证主体，构成去中心认证体系，通过各参与主体实时更新农产品信息，将农产品供应链数据共享，打破信息孤岛，实现对农产品供应链的可靠监管、可信溯源及信息协同管理，为农产品供应链管理降本增效，具体业务流程如图 7-6 所示。

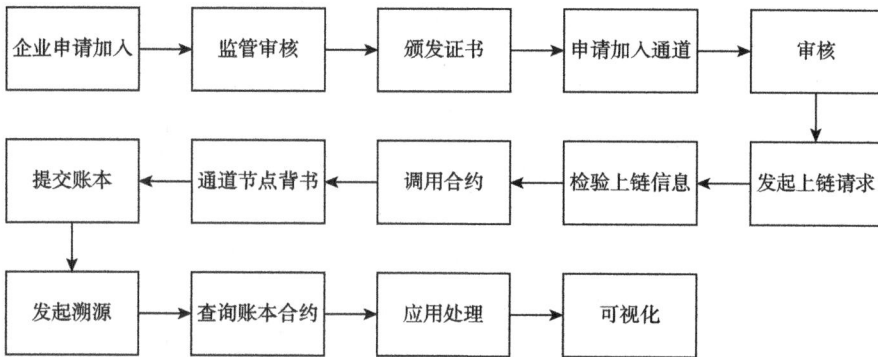

图 7-6　去中心化认证体系的业务流程

　　在基于区块链的农产品供应链系统中，农产品任一流通过程中产生的信息都将被所有参与者（生产单位、仓储单位、运输单位、零售商及消费者）校验与记录。去中心化认证不但要对供应链参与方进行准入认证（用户证书真实性校验及身份校验），还要完成农产品供应链智能合约的去中心化执行。在农产品供应链管理过程中，要推动去中心化认证完成"信息真实存在性"或"智能合约"的共识认证，需要对去中心化认证实施激励机制和约束机制，由于本书设计的信任平台为联盟链，故无须激励机制，成本由各参与单位承担。约束机制用于制约去中心化认证在共识过程中的恶意篡改或提供虚假信息等，一旦发现，将采取信用惩罚或踢出供应链等措施进行处理。

7.3.5　基于区块链技术的农产品供应链数据存储及访问方法

　　在农产品供应链中，生产单位、仓储单位、运输单位、零售商及消费者在供应链运行的不同阶段会发送与之相关的农产品数据，不同数据的结构各不相同，因此在实现农产品供应链时，需要编写不同的智能合约进行数据上链。由于农产品供应链参与单位存在隐私保护需求，平台使用了密钥（非对称加密）、哈希函数及 Merkle 树等密码学工具，交易即为供应链中参与方上传的与其相关的农产品信息（生产信息、仓储信息、物流信息、零售商信息及消费者信息）。基于区块链的农产品供应链数据存储结构如图 7-7 所示。

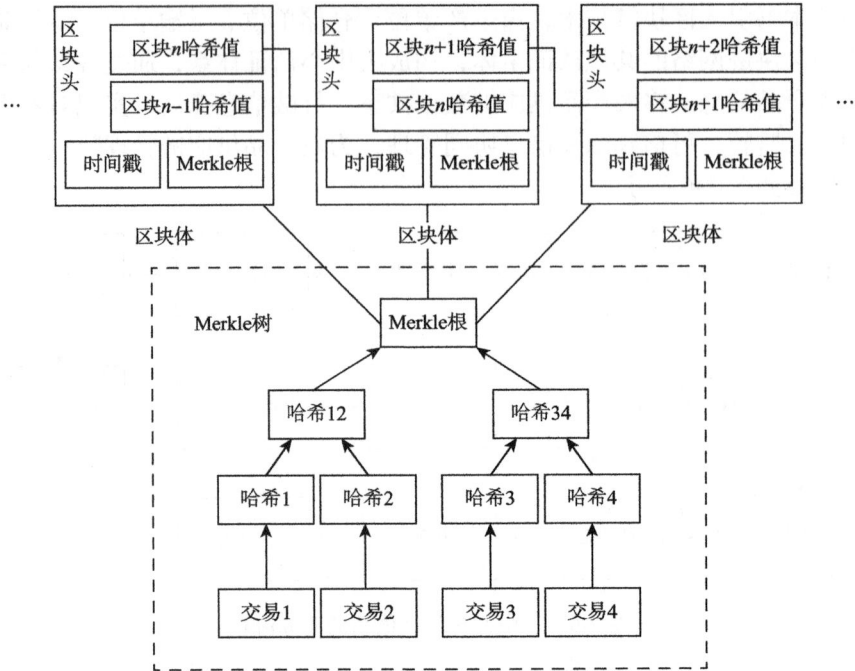

图 7-7　基于区块链的农产品供应链数据存储结构

　　如图 7-8 所示，在本书设计实现的基于区块链的农产品供应链管理系统中，账本（L）包括链式账本（B）及世界状态（W）。首先，世界状态（W）是一个数据库，保存了当前一组账本数据值，基于此种数据库程序可以更好地对当前状态进行访问，得到具体的数值，无须通过遍历事务日志等一系列计算操作即可得到该数值大小。通常账本状态是一种键值对，这将增加系统进行查询操作时的灵活性，并且世界状态可以频繁更改。其次，链式账本由图 7-9 所示的区块连接而成。链式账本作为一个交易日志，记录导致当前世界状态（W）的所有变化。交易被收集到区块链的区块内，可以更加详细地了解何种情况造就了现如今的世界状态，掌握具体的变化历史。从数据结构层面进行对比分析，区块链不同于世界状态，只要写入数据就不能再修改。

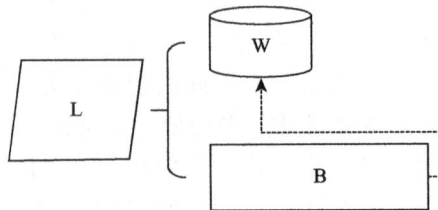

图 7-8　基于区块链的农产品供应链管理系统账本组成

如图 7-9 所示，交易上链（查询）过程详细流程如下。

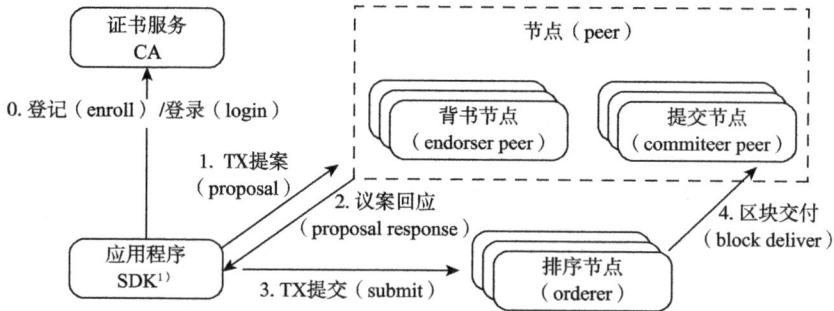

图 7-9　交易流程

1）SDK：software development kit，软件开发工具包

（1）参与主体的用户（应用客户端）利用应用程序 SDK 调用证书服务 CA，完成登记与注册，得到身份证书。

（2）应用程序通过 SDK 即可发起交易提案，并且将有关该次交易的参数信息、合约标识等内容发至背书节点。

（3）背书节点需要对收到的内容进行验证，检验签名等是否符合规定操作，是否具备相应的权限，并且按照背书策略中规定的内容对智能合约进行模拟执行，且最终将结果等内容反馈到应用程序。若该项交易属于查询交易，那么应用程序就能够看到查询结果，交易到此结束。

（4）应用程序收到上述流程步骤中提到的结果等内容后，需要对提案结果进行判定，明确是否具备一致性等内容，若背书不充分，就需要中止处理；否则，客户端打包数据构成交易，且进行签名，一起发至排序节点。

（5）排序节点按照标准要求完成共识排序操作，根据区块生成策略，打包这一批交易，从而得到新的区块，最后将其发至提交节点。

（6）提交节点检验区块中的所有交易，检查输入输出的正确合理性，是否与现阶段的区块链状态相符，最后追加区块至账本（L），并修改世界状态（W）。

7.4　基于区块链技术的农产品供应链机器信任平台系统演示

本书使用 html、css 和 js 进行前端界面的开发，在 GoLand 软件中编写 go 代码实现后台操作等，最后通过 go sdk 接口将底层区块链网络与 web 应用进行交互。

图 7-10 为用户登录图，用户经注册后输入自己的账号和密码进入系统。在系统内可以发布交易请求，并能通过输入农产品溯源 ID 查询交易账本记录。

图 7-10 基于区块链的农产品供应链系统登录页面

图 7-11 为农产品生产信息上链示意图。生产单位可以输入农产品的溯源编号、农作物名称、生产时间、产品编号、公司编号、公司名称及产地等相关信息。生产单位将生产信息发布到区块链网络，当交易上链成功后，将会返回交易 ID，如图 7-12 所示。

图 7-11 农产品生产信息上链示意图

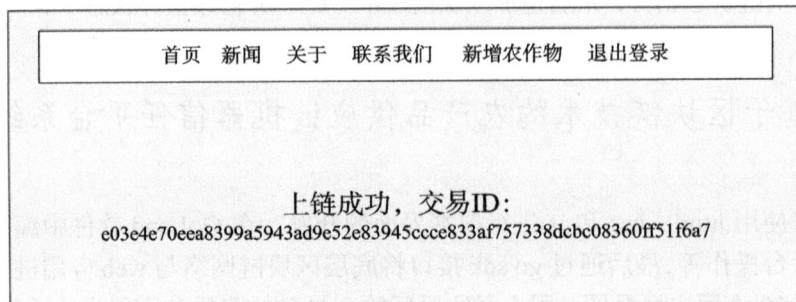

图 7-12 上链结果

与生产单位一致，图 7-13~图 7-16 为仓储单位、运输单位、经销商及零售商获取用户身份后，登录系统，将与之相关的供应链信息上传到区块链网络的上链示意图。当所有供应链信息上链完毕后，农产品的生命周期结束。此后，用户可以通过农产品溯源编号对整个供应链进行可信溯源，如图 7-17 所示，获得农产品整个生命周期的信息状态，完成信息协同管理。

首页　新闻　关于　联系我们　新增仓储信息　退出登录

请输入信息

溯源编号 *

sample_000001

检疫情况 *　　　　　　　　地址 *

通过　　　　　　　　　　　北京XX仓库

时间 *　　　　　　　　　　操作人员 *

2021/10/23 17:38　　　　　张三

操作人员编号 *

worker_000001

请确认已正确填写！　　　　　注意！

提交　　　　　　　　　　　s2，系统正在记录您的操作

图 7-13　仓储信息上链

如图 7-18、图 7-19 所示，通过搭建区块链浏览器，可以实时监控××区块链的运行状态，包括区块链节点状态信息、交易总数、区块总数及单位时间交易量等全局数据。同时，在区块链交易监控界面，能实时获取最近一段时间的交易概览，包括交易的发起者、业务通道名称、交易 ID、交易类型、调用的智能合约及交易时间戳等信息。

对业务参与方而言，可以通过溯源编号查询农产品整个生命周期的信息状态，并且能在区块链浏览器里根据指定交易 ID 查询交易详情（图 7-20），结合时间戳、交易哈希、交易读写集等内容验证农产品供应链中各个环节信息的真实性。

首页　新闻　关于　联系我们　新增运输信息　退出登录

请输入信息

溯源编号 *

sample_000001

公司 *　　　　　　重量 *

XX货运　　　　　10吨

司机 *

李四

车牌号 *

京XXXXXX

请确认已正确填写！　　　　注意！
　　　　　　　　　　　　　　s3, 系统正在记录您的操作
提交

图 7-14　物流信息上链

首页　新闻　关于　联系我们　新增经销信息　退出登录

请输入信息

溯源编号 *

sample_000001

公司名称 *　　　　　　起送时间 *

XX农业　　　　　　2021/10/23 18:01

司机 *

王五

车牌号 *

京XXXXXX

请确认已正确填写！　　　　注意！
　　　　　　　　　　　　　　s4, 系统正在记录您的操作
提交

图 7-15　经销商信息上链

首页　新闻　关于　联系我们　新增销售信息　退出登录

请输入信息

溯源编号 *

sample_000001

超市名称 *　　　　　　　　　　　销售时间 *

XXX北京总店　　　　　　　　　2021/10/23 18:57

售卖人员 *

赵六

请确认已正确填写！

提交

注意！
s5，系统正在记录您的操作

图 7-16　销售信息上链

首页　新闻　关于　联系我们　新增销售信息　退出登录

查询

生产信息

溯源编号：sample_000001

产品名称：小麦

产品编号：wheat_000001

生产时间：2021/10/23 15:58

公司：示例企业1

公司编号：enterprise_000001

生产地址：北京

仓储信息

检疫情况：通过

地址：北京XX仓库

时间：2021/10/23 17:38

操作人员：张三

操作人员编号：worker_000001

物流信息

公司：XX货运

重量：10吨

司机：李四

车牌号：京XXXXXX

经销商信息

公司：XX农业

起送时间：2021/10/23 18:01

司机：王五

车牌号：京XXXXXX

销售信息

超市名称：XXX北京总店

销售时间：2021/10/23 18:57

售卖人员：赵六

图 7-17　查询总览

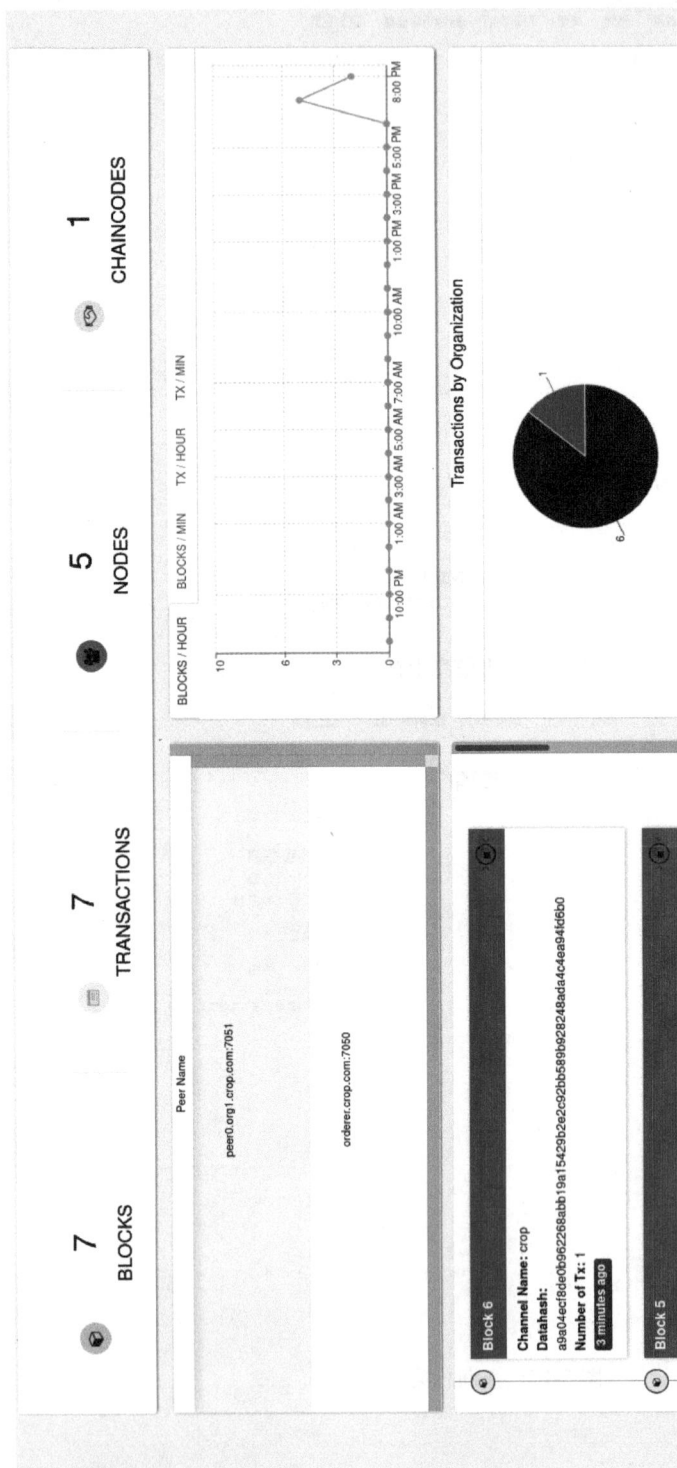

图 7-18 区块链状态监控界面

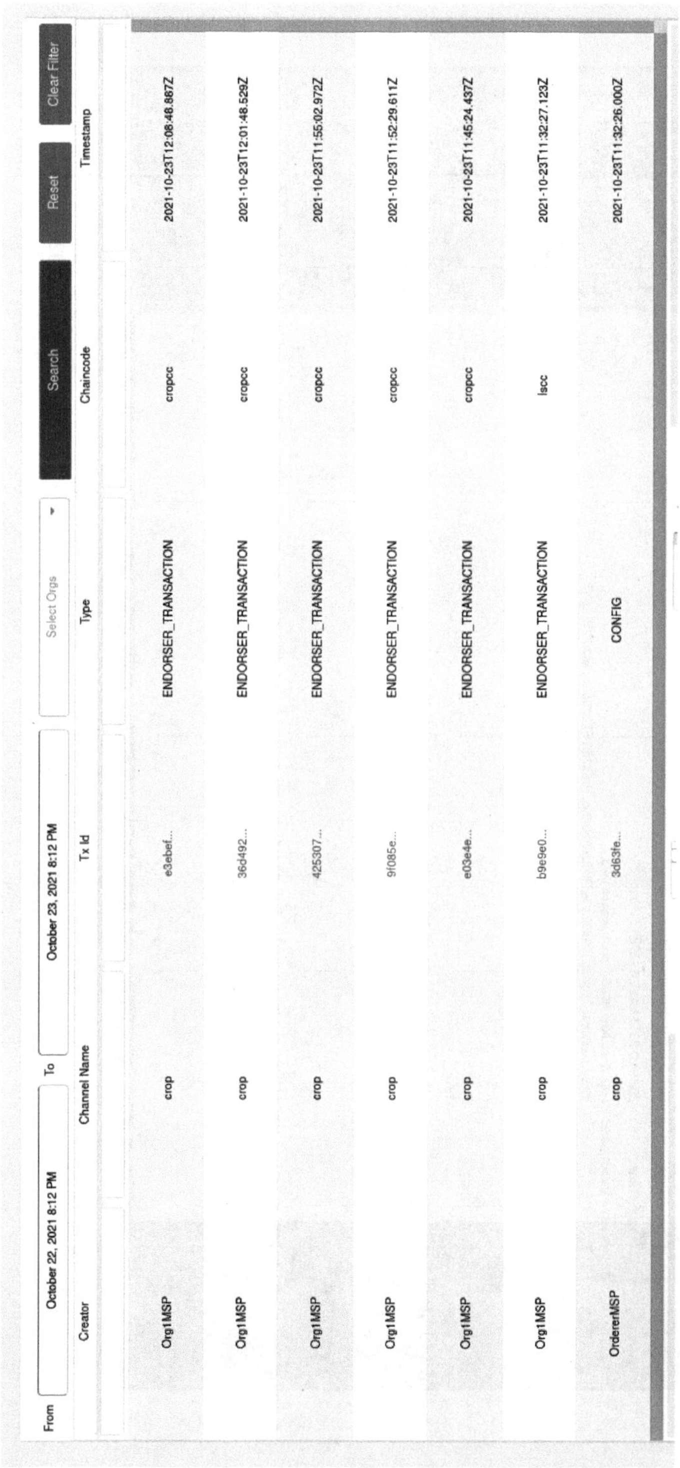
From
October 22, 2021 8:12 PM
To
October 23, 2021 8:12 PM
Select Orgs
Search
Reset
Clear Filter
Creator
Channel Name
Tx Id
Type
Chaincode
Timestamp
Org1MSP
crop
e3ebef...
ENDORSER_TRANSACTION
cropcc
2021-10-23T12:08:48.887Z
Org1MSP
crop
36d492...
ENDORSER_TRANSACTION
cropcc
2021-10-23T12:01:48.529Z
Org1MSP
crop
425307...
ENDORSER_TRANSACTION
cropcc
2021-10-23T11:55:02.972Z
Org1MSP
crop
9f085e...
ENDORSER_TRANSACTION
cropcc
2021-10-23T11:52:29.611Z
Org1MSP
crop
e03e4e...
ENDORSER_TRANSACTION
cropcc
2021-10-23T11:45:24.437Z
Org1MSP
crop
b9e9e0...
ENDORSER_TRANSACTION
lscc
2021-10-23T11:32:27.123Z
OrdererMSP
crop
3d63fe...
CONFIG
2021-10-23T11:32:26.000Z

图 7-19　区块链交易监控界面

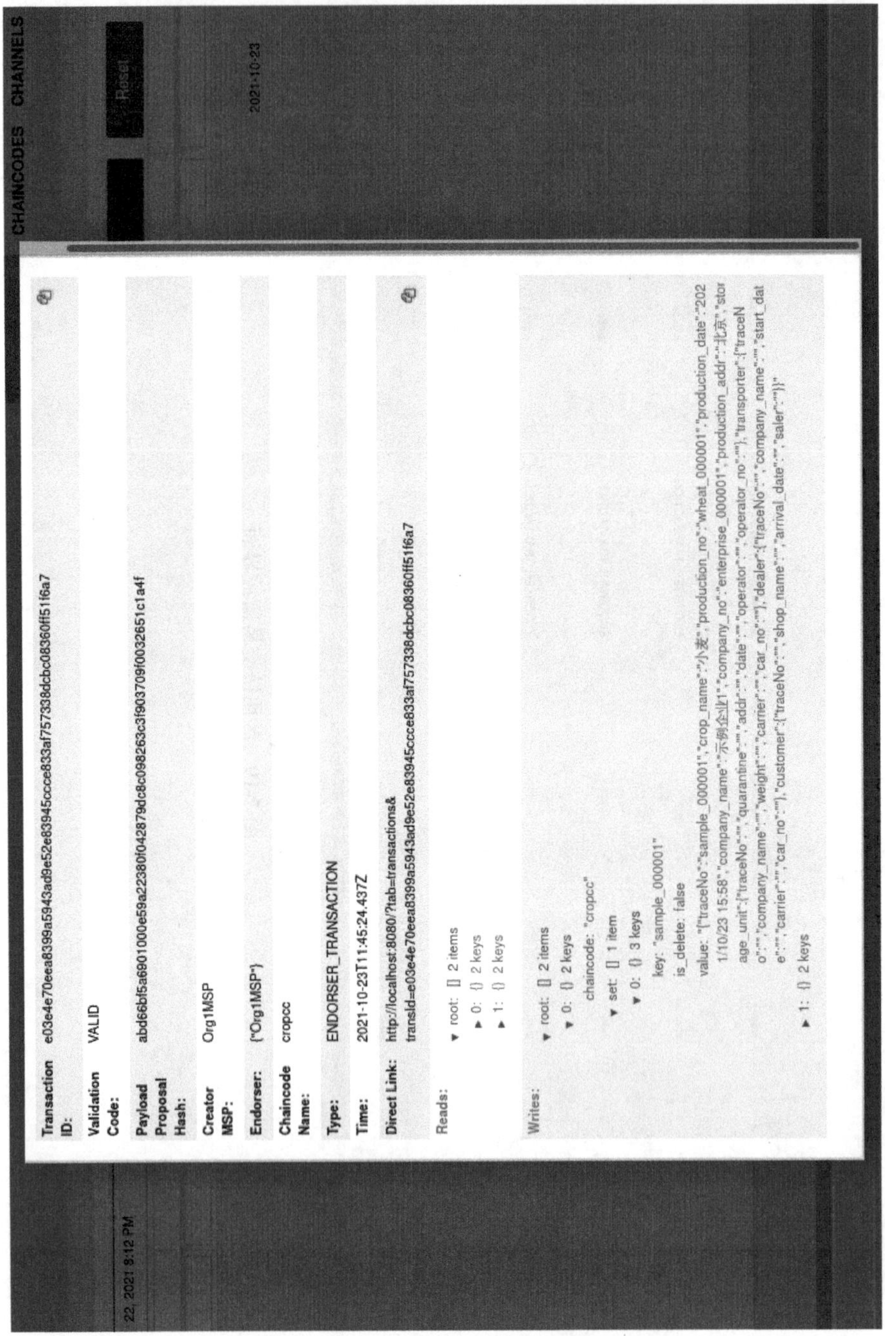

图 7-20　链上链下信息核验（交易 ID：9f085e72d0e458dba68da54ae3a3c6756889410cafec0716d762882c02079813）

7.5　平台运行的结果

本书设计的平台在北京迪曼森科技有限公司和中铁联运物流股份有限公司进行了实际运行，运行结果经过观察和测试获得 20 位公司专家和高管的一致认可。专家（人数 10 人）由 7 位博士、3 位硕士组成，专业包含密码学、网络安全、物流供应链和区块链技术领域。专家表示，基于区块链技术的供应链协同管理平台能够提供适合供应链场景下需要的信息服务、仓储物流、技术服务、市场推广、整合营销等综合化服务，为将传统供应链活动延伸至原先难以触及的领域奠定良好基础，在专业数据服务上不仅获得加密通信认可，而且在管理层设置浏览权限，既提高了信息传输效率又保障了隐私数据的安全性，消除了企业隐私安全、信任风险等顾虑，在整个供应链环节提升了信任水平，达到提升整体供应链协同效率的效果，为行业转型升级提供了技术保障和支持。具体成果体现在以下三个方面。

1. 增强信息透明度，实现全流程追溯

追溯模块覆盖了产品生产流程、仓储库存状态、运输环节、销售终端及消费者端可追溯，保证供应链上下游信息真实可信、精细度高。对物流环节追溯、流通过程记录，解决了信息孤岛问题，串联场景下的价值明显提升。平台的运行，对品牌防伪证明增加了技术保障，降低了消费者对食品安全问题的焦虑，提升了产品认可度，从而提高了高品质产品溢价率，有助于企业利润的提升。

2. 保证合约有效执行，提升参与企业信任背书

采用 Hyperledger Fabric 建立联盟链，将供应链上下游企业数据上链创建共享节点，并为信息化能力和水平高的供应链企业设置多个数据验证节点。在联盟链上建立了有效的联盟章程，引入智能合约机制保证章程有效执行，在激励机制触发条件被满足后，由计算机程序来保证合约及时执行，更具客观性，为链上企业提供了信任背书，增加了各方动力和参与度，同时解决了不同信息化水平的企业数据收集难点，大大降低了数据收集成本，区块链技术防篡改、多中心的技术特性，使得数据真实度总体提升。

3. 示范引领作用，推进行业转型升级

通过平台的应用积累实践经验制定行业标准、打造行业标杆，推动行业转型升级。在企业层面，打破了岛屿式自生态，扩大了企业合作范围，企业间可以进

行多元的、灵活的交易和运作。在行业层面，有效提高了业务能力、服务效率，为企业提供了有效的信息匹配手段，扩大了合作范围。在政府层面，有效带动了区域集群整体转型升级，帮助政府获得了全局、透明的市场数据并制定了市场引导政策。

7.6　本章小结

本章介绍了农产品供应链信息化水平及管理水平的发展现状，分析了目前农产品供应链在信息协同方面的不足；搭建了以 Hyperledger Fabric 联盟链为底层技术的农产品供应链协同管理平台系统，给出了以区块链技术为基础的农产品供应链业务主体身份证书生成方法，包括根证书与中间证书两种方式；提出了基于区块链的农产品供应链信息构成和传播方法；提出了基于区块链的农产品供应链共识认证方法；提出了基于区块链技术的农产品供应链数据存储及访问方法，给出了其交易具体流程，并对系统进行前端演示。将设计的平台在北京迪曼森科技有限公司和中铁联运物流股份有限公司实践运行，获得了良好效果。

第8章 提升物流供应链企业信任关系的策略及未来研究趋势

前文验证了信息协同和信任关系与供应链协同三者间的正向关系，证明了区块链技术在促进供应链信息协同和信任关系方面的积极作用，构建了基于区块链技术的农产品供应链协同管理平台，并进行检验运行，验证了区块链技术在物流供应链协同管理中的适用性，进一步提升了供应链信息共享和信任程度的协同传递。根据研究结果，本章提出物流供应链企业间信任程度增加的促进策略。

8.1 提升物流供应链企业信任关系的策略

8.1.1 提高供应链协同管理水平

1. 转变供应链协同管理观念，建立战略伙伴关系

本书第 3 章信任关系传导机理的分析表明，为了减少产业链的不确定性，产业链的协同需要有稳定的供需关系和合作伙伴关系。随着经济全球化的不断深入，企业不再是相对独立的个体，而是通过供应链整体去参与竞争，积极共享信息和资源，才能更好地在激烈的市场竞争中获得优势。对企业而言，首先从思想上要转变观念，树立协同的新理念，从以个体价值为中心向共同打造价值共同体转变，从而获得供应链协同管理的竞争优势。在树立供应链协同管理的新理念时，要树立起整体竞争的意识，供应链上下游企业作为一个价值共同体，强调企业间的战略协作与配合。供应链中的每个企业都是这个链条中的重要一环，企业的每个决策都会直接影响到整个供应链的利益。企业要与其上下游企业进行合作，建立长期合作而非对立竞争的关系，使得整个渠道上下游共同享受整体合作所产生的利

润。通过及时的信息共享来同步协作，这种合作关系的建立可以降低生产成本，快速根据市场变化来调整产品及生产计划，实现供应链协同管理领域各方互惠共赢，获得真正的长期竞争优势。

2. 建立供应链信息共享标准，提高信息共享程度

本书第 4 章信任关系形成机理的分析表明，提升信息共享的水平和效率，才能最大限度地减少"牛鞭效应"的负面影响。目前供应链企业间的库存量和生产情况等相关信息并未真正实现公开化，各个企业对信息共享也未形成统一的标准。供应链上的不同企业在信息管理方面具有各自的使用习惯和特点，当与其他企业进行信息共享时，会出现信息类型不一致、格式不统一等问题，难以实现供应链信息的有效集成，这就需要建立供应链信息共享标准，达到信息格式和信息内容的整体标准化，为信息在供应链上下游企业间传递提供保障。建立信息标准化，主要是在信息的名称、定义、格式和处理方式，信息的输出和信息传递等方面制定统一的标准。同时，上下游企业间各部门需要打通数据渠道，按照统一数据库口径上传信息，以保证企业间数据总体规范统一。企业应该加强对信息标准的培训，为员工熟悉并掌握信息共享的操作与规范提供学习机会，提高员工的熟练程度和工作效率，为提高供应链企业间的信息共享程度提供智力支持。

3. 完善供应链协同管理机制，建立信任合作关系

本书第 5 章的验证结果表明，供应链企业间的战略伙伴关系需要信任关系来发挥作用，信任是企业进行合作的基础，信任关系的建立是以认知为基础的，应该加强供应链企业间的沟通与交流。如果缺乏对信任关系的维护，企业间信任关系可能会破裂。企业间出现的矛盾归根结底来自利益分配方面的纠纷，这就需要建立协同的利益分配机制，供应链协同管理的目的是实现企业利益的最大化，而要实现利益的最大化就需要建立完善的利益分配机制。根据企业需要在各个节点的付出进行利益分配，并做到公平公正，以确保各企业都能实现利益的最大化。同时，需要建立协同的激励和约束机制，对企业的诚信行为实行奖励，鼓励企业主动参与信息共享，提高企业信息共享的积极性；对出现提供虚假信息等违约行为的企业实行惩罚，通过明确的奖惩措施激发企业信息共享的动力。

8.1.2 提升区块链技术赋能水平

1. 加大联盟链在供应链协同领域的应用推广

本书第 7 章给出以 Hyperledger Fabric 联盟链搭建的供应链协同管理平台更加

适用于企业级场景应用。供应链企业间更倾向区块链技术的功能性、隐私性、安全性监管合规等要素，联盟链在管理方式、成本效率和安全方面更突显优势，因此更适用于供应链企业间多主体协作的需求。

联盟链相对于公有链和私有链的主要优势在于：成员身份需认证管理，只有联盟链上的成员才能参与记账和维护，从源头上对链上参与企业的身份进行验证管理，提高企业间信任水平，维护区块链的隐私安全；交易效率高且成本低，关键在于交易节点只需获得授信的关键节点的验证，无须全网确认；行业企业间可以相互监管，较私有链相比可信度较高。上述优势有助于企业选择适合的联盟链类型，完善供应链行业联盟链生态，实现全产业链互信共赢协同发展。

2. 加速区块链技术与新兴技术领域的应用结合

本书第 7 章演示了"区块链+供应链"协同管理平台，表明了以区块链作为底层技术的新兴应用领域"区块链+大数据""区块链+云计算""区块链+人工智能""区块链+物联网"正引领各行业供应链的发展趋势。区块链技术的核心在于在传递信息的同时为链内成员传导信任，通过底层协议对经济社会生产关系问题进行改造，与大数据、云计算、人工智能和物联网场景相结合可发挥最大效能，挖掘商业潜力实现商业价值。

"区块链+大数据"领域的结合实现了数据更广的应用价值，区块链技术解决了大数据收集和使用过程中安全性和可信性问题，大数据的解析能力也为区块链数据弥补不足提供了决策支持。

"区块链+云计算"领域的结合能够降低区块链网络部署成本，利用供应链管理场景下的 BaaS（Blockchain as a service，区块链即服务）解决企业储存数据成本高、处理海量数据难度大等问题，推动供应链企业加入区块链网络。

"区块链+人工智能"领域的结合使得流程效率得到提升，智能合约可在关键节点进行自动化处理供应链流程发生的审核工作、所有权变更、支付等操作。将机器学习算法集成到智能合约中，使得智能合约"更加智能"，提高对自动化处理的准确率和效率。

"区块链+物联网"领域的结合主要应用在供应链产品溯源方面，利用 RFID 把扫描后的供应链活动信息上传至区块链网络进行实时备查，为物联网提供安全保障基础，供应链上下游能够及时查询、追踪和监测供应链产品状态，实现供应链协同管理优化升级。

3. 加快多层次区块链技术人才体系的建立

由于区块链行业快速发展，相关专业人才储备短缺问题日益凸显，人才问题已成为行业发展的瓶颈。为促进区块链技术能够更好地落地应用，应积极构建由政府、高校、企业多方参与、多层次互动的区块链人才建设体系。

完善区块链人才培养和支持政策，政策层面的支持是基础，政府应制定完善的区块链领域人才培养计划和专业技能培训的配套政策，通过设立区块链人才培养专项基金、建立人才孵化基地、给予企业优惠补贴等方式，帮助区块链企业和科研机构发展，通过良好的产业生态激发技术创新和人才培养。

高校要承担区块链培养人才的主力军作用，设置区块链专业和课程，创新跨学科、跨领域的"区块链+产业"复合型人才培养方式，加大区块链教学科研资源投入。

企业在转型升级的同时要引导员工转型，支持鼓励二次学习匹配企业区块链升级需求，打造专岗专才，在实践和应用中培养具有区块链产业思维的综合型人才。企业需加快引进高水平区块链技术人才，重点引进科研能力强、应用实践广的领军人才和创新团队。

8.1.3 加大产业发展的政策保障与支持

本书的研究结果表明区块链技术可通过自身技术优势对信息协同和信任关系产生积极的影响，从而能更好地为提高供应链协同管理水平服务。本书给出的供应链协同管理平台也证明了区块链技术的赋能对供应链上下游企业间信息协同能力增强、信任水平提高起着巨大作用。在"区块链+供应链"场景下本书建议如下。

1. 积极构建绿色供应链生态环境

贯彻绿色发展理念，供应链上下游企业应将绿色经营作为企业核心战略，推进供应链上产品绿色生命周期管理模式，构建绿色供应链生态环境。在经济高速发展的同时，资源环境问题凸显，贯彻绿色发展理念、履行社会责任是供应链上下游企业面临的任务。将环保原则作为供应链企业必须遵循的原则，对上下游企业在绿色环保方面提出要求，以此推动企业实现节能减排、提质增效。绿色供应链协同管理的参与主体是企业，但企业往往存在环保意愿不足、积极性不高的问题，这就需要政府的法律保障和政策引导。政府通过完善绿色供应链生态环境方面的法律，明确企业的权利和需要履行的义务，引导企业以法律为基础，与供应链上下游相关企业协商，制定统一标准的环境保护要求。供应链上下游企业开展绿色供应链管理工作，通常会增加节能环保方面的投入，企业的生产成本会随之增加。为提高企业参与的积极性，需要财税政策和金融支持发挥激励作用，通过对绿色企业开展绿色信贷、税收减免等措施，引导企业积极参与绿色供应链生态环境构建。同时，还需要对污染信息进行公开，对环境违法企业进行严厉惩处，以此保障绿色发展理念在供应链管理领域顺利开展,实现供应链企业间经济效益和环境效益双赢的局面。

2. 加强对区块链发展的政策支持

随着区块链技术的快速发展和商业模式的不断创新,政府需要密切关注区块链技术的发展动态,加强对区块链发展趋势的分析研判,需要处理好传统供应链企业自身能力不足和配套支撑不完善的问题,营造良好的外部环境和配套条件,为区块链技术的发展提供支持政策和智力保障。区块链的政策支持应以激发供应链上企业参与供应链协同管理的融合为重点,积极推进基于区块链技术的供应链信息化建设、信用体系建设等标准体系建设,引导和鼓励企业进行供应链领域信息技术和管理技术的创新应用,促进供应链高效协同。同时,建立和完善对区块链技术的资金支持和财税优惠等相关政策,鼓励区块链技术企业积极开展科技攻关与技术创新。政府在行政审批、投资服务等方面进一步提升改进,着力为区块链技术企业的发展营造良好的营商环境。鼓励和支持区块链技术应用场景建设和推广,以区块链技术的落地应用为牵引,制定相关的扶持政策,打造有利于技术进步和落地应用的外部环境。

3. 积极推进区块链国际合作

着力实现区块链与国际供应链相融合,服务于"一带一路"倡议等。区块链技术的重点应用场景在金融领域,中国人民银行数字人民币的发行可拓展区块链技术的应用范围,在重点领域开展关于能源、人民币国际化等合作,提高人民币结算率,提高国内供应链在国际供应链体系中的比重,促进国内企业与国际市场深度合作,构建互利共赢的国际贸易新秩序。目前,随着国际经济形势日益严峻,发达国家在区块链技术的制定标准上争夺话语权,政府应加快区块链技术标准编制,积极参与国际标准制定,在国际贸易中占据主导权。

8.2 未来研究趋势

(1)本书研究所采取的计量模型均是使用已有数据库,为与研究主题契合,部分变量无法直接衡量,而是采取代理变量的形式,在今后的研究中可以寻找与研究主题更加契合的数据库,或者在条件允许的前提下,针对研究主题自行设计调研问卷并建设大样本无偏差的数据库。

(2)区块链技术在供应链行业的应用基础比较薄弱,同时区块链技术的复杂性与前瞻性也加大了分析的难度与工作量，随着区块链技术的普及与成熟，可以对更加典型的案例进行分析。

（3）本书对区块链技术的评价总体为正面，在今后的研究中可以重点关注区块链技术应用于实体经济时，与现存制度或法律法规的适用性问题。

8.3　本　章　小　结

依据研究结果，本章从供应链管理层面、区块链技术层面和政府层面给出了提高供应链协同管理水平、提升区块链技术赋能水平、加大产业发展的政策保障与支持。

对提高供应链协同管理水平的建议包括：转变供应链协同管理观念，建立战略伙伴关系；建立供应链信息共享标准，提高信息共享程度；完善供应链协同管理机制，建立信任合作关系。对提升区块链技术赋能水平的建议包括：加大联盟链在供应链协同领域的应用推广，加速区块链技术与新兴技术领域的应用结合，加快多层次区块链技术人才体系的建立。对加大产业发展政策保障与支持建议包括：积极构建绿色供应链生态环境，加强对区块链发展的政策支持，积极推进区块链国际合作。

参 考 文 献

[1] 马世韬，丁伟. 区块链在物流行业的发展趋势和 IBM 的布局——区块链在物流业的应用与发展连载之一[J]. 物流技术与应用，2018，23（9）：158-161.

[2] 于洪凤. 信息技术能力与知识管理能力对供应链绩效的影响研究[D]. 吉林大学硕士学位论文，2013.

[3] 张样. 组织学习导向、信息技术能力及其与企业绩效关系研究[D]. 浙江大学硕士学位论文，2007.

[4] Mata F J，Barney J B. Information technology and sustained competitive advantage：resource-based analysis[J]. MIS Quarterly，1995，19（4）：487-505.

[5] Bharadwaj A S. A resource - based perspective on information technology capability and firm performance an empirical investigation[J]. MIS Quarterly，2000，24（1）：169-196.

[6] Clemons E K，Row M C. Sustaining it advantage：the role of structural differences[J]. MIS Quarterly，1991，15（3）：275-292.

[7] Powell T C，Dent-Micallef A. Information technology as advantage：the role of human business and technology resources[J]. Strategic Management Journal，1997，18（5）：375-405.

[8] 马文聪. 供应链整合对企业绩效影响的实证研究[D]. 华南理工大学博士学位论文，2012.

[9] Williamson O E. Markets and Hierarchies：Analysis and Antitrust Implications[M]. New York：Free Press，1975.

[10] Haken H. Advanced Synergetics[M]. Berlin：Springer，1983.

[11] 哈肯 H. 协同学[M]. 徐锡申，陈式刚，陈雅深，等译. 北京：原子能出版社，1984.

[12] 林正刚，周碧华. 企业战略协同理论国外研究综述[J]. 科技管理研究，2011，31（21）：189-192.

[13] Anderson D，Lee H. Synchronized supply chains：the new frontier[J]. ASCMET，1999，6（1）：75-82.

[14] Kumar V V，Devi M，Raja P V，et al. Design of peer-to-peer protocol with sensible and secure IoT communication for future internet architecture[J]. Microprocess and Microsystems，2020，78：103216.

[15] 何勇，赵林度，何炬，等. 供应链协同创新管理模式研究[J]. 管理科学，2007，（5）：9-13.

[16] Simatupang T M，Sridharan R. A bench marking scheme for supply chain collaboration[J]. Bench Marking，2004，11（1）：9-30.

[17] Bhatnagar R, Chandra P, Goyal S K. Models for multi-plant coordination[J]. European Journal of Operational Research, 1993, 67（2）: 141-60.

[18] Thmas D J, Griffin P M. Coordinated supply chain management[J]. European Journal of Operational Research, 1996, 94（1）: 1-15.

[19] Rose-Anderssen C, Baldwin J, Ridgway K. Communicative interaction as an instrument for integration and coordination in an aerospace supply chain[J]. Journal of Management Development, 2010, 29（3）: 193-209.

[20] Stevens G C. Successful supply-chain management[J]. Management Decision, 1990, 28（8）: 25-30.

[21] Akintoye A, Mcintosh G, Fitzgerald E. A survey of supply chain collaboration and management in the UK construction industry[J]. European Journal of Purchasing & Supply Management, 2000, 6（3/4）: 159-168.

[22] Li X, Song L, Zhao Z. Quantifying the impact of demand substitution on the bullwhip effect in a supply chain[J]. Logistics Research, 2011, 3（4）: 221-232.

[23] Akkermans H, Bogerd P, Doremalen J. Transparency and trust: a case study of computer-supported collaborative supply chain planning in high-tech electronics[J]. European Journal of Operational Research, 2004, 153: 445-456.

[24] Marsillac E, Roh J J. Connecting product design, process and supply chain decisions to strengthen global supply chain capabilities[J]. International Journal of Production Economics, 2014,（1）: 317-329.

[25] Venselaar M, Gruis V, Verhoeven F. Implementing supply chain partnering in the construction industry: work floor experiences within a dutch housing association[J]. Journal of Purchasing and Supply Management, 2015, 21（1）: 1-8.

[26] Eriksson P E. Partnering in engineering projects. four dimensions of supply chain integration[J]. Journal of Purchasing and Supply Management, 2015, 20（5）: 38-50.

[27] Raweewan M, Ferrell W G. Information sharing in supply chain collaboration[J]. Computers & Industrial Engineering, 2018, 126: 269-281.

[28] Shaban A, Costantion F, Gravio G D, et al. A new efficient collaboration model for multi-echelon supply chains[J]. Expert Systems With Applications 2019, 128: 54-66.

[29] Zimmer K. Supply chain coordination with uncertain just-in-time delivery[J]. International Journal of Production Economics, 2002, 77（1）: 1-15.

[30] Sarah E, Joseph M, Sheila N. Collaborative relationship and SME supply chain performance[J]. World Journal of Entrepreneurship. Management and Sustainable Development, 2010, 6（3）: 233-345.

[31] Stanley E, Fawcell S L, Amydee M. Supply chain trust: the catalyst for collaborative innovation[J]. Business Horizons, 2012,（55）: 163-178.

[32] Ramanathan U. Aligning supply chain collaboration using analytic hierarchy process[J]. Omega, 2013, 41（2）: 431-440.

[33] Fu J X, Fu Y L. An adaptive multi-agent system for cost collaborative management in supply

chains[J]. Engineering Applications of Artificial Intelligence，2015，（44）：91-100.

[34] Badea A，Prostean G，Hutanu A，et al. Competency training in collaborative supply chain using KSA model[J]. Procedia：Social and Behavioral Sciences，2015，191：500-505.

[35] 仲昇. 供应链协同管理的研究进展及发展趋势[J]. 物流工程与管理，2012，（11）：100-102.

[36] 毕新华，刘彦. 供应链协同管理研究述评[J]. 社会科学战线，2008，（9）：231-233.

[37] 赵先德，谢金星. 现代供应链管理的几个基本观念[J]. 南开管理评论，1999，（1）：62-66.

[38] 王欣欣. 供应链协同管理策略[J]. 中国物流与采购，2011，（11）：44-45.

[39] 张翠华，任金玉，于海斌. 供应链协同管理的研究进展[J]. 系统工程，2005，23（4）：1-6.

[40] 刘彦. 供应链节点间企业组织协同机制研究[D]. 吉林大学博士学位论文，2012.

[41] 黄宁宁. 信任视角下供应链协同创新研究[J]. 价值工程，2017，36（23）：94-95.

[42] 李滢棠，乔忠. 果蔬供应链保鲜成本控制协同决策方法研究[J]. 科技与经济，2014，（5）：35-38.

[43] 张璐. 基于O2O的服装企业供应链协同及绩效评价研究[D]. 长安大学硕士学位论文，2015.

[44] 彭志忠，孙清华. 基于神经网络预测的汽车制造业供应链协同管理研究[J]. 山东社会科学，2010，（9）：97-99.

[45] 肖静，李亚楠，刘子玉. 基于数据包络法的汽车企业供应链协同管理研究[J]. 工业技术经济，2019，307（5）：99-105.

[46] 王丽杰，王雪平. 汽车制造业绿色供应链协同管理研究[J]. 理论探讨，2013，（5）：91-94.

[47] 王广鉴. 国大365供应链协同管理研究[D]. 河北科技大学硕士学位论文，2020.

[48] 马艳玲，严云涛. 基于贵州省的第四方物流集群式供应链协同管理机制分析[J]. 遵义师范学院学报，2019，113（5）：60-63.

[49] 李玲鞠. 供应链管理信息系统中的信息协同效应分析[J]. 情报科学，2006，（1）：100-103.

[50] 蔡淑琴，梁静. 供应链协同与信息共享的关联研究[J]. 管理学报，2007，（2）：157-162，179.

[51] 朱庆华. 可持续供应链协同管理与创新研究[J]. 管理学报，2017，14（5）：775-780.

[52] 赵晓敏. 基于多智能代理的供应链协同管理[J]. 商业研究，2006，353：38-41.

[53] 马卫民，朱值军，Li S. 基于鲁棒优化方法的供应链协同创新——非完全竞争市场下的问题[J]. 经济论坛，2013，（8）：109-114.

[54] 曲优，关志民，叶同. 基于CVaR准则的供应链协同绿色创新动态优化与协调研究[J]. 工业工程与管理，2018，23（4）：62-72，80.

[55] Greenwald B C，Stigliz J E，Weiss A. Informational imperfections in the capital market and macro-economic fluctuations[J]. American Economic Review，1984，74（2）：194-199.

[56] Lee H L，Padhamanabhan V，Whang S. Information distortion in supply chain：the bullwhip effect[J]. Management Science，1997，43（4）：546-558.

[57] Lee H L，Padhamanabhan V，Whang S. The bullwhip effect in supply chains[J]. IEEE Engineering Management Review，2015，43（2）：108-117.

[58] Chen F，Dreznerz Z，Ryan J K，et al. Quantifying the bullwhip effect in a simple supply chain：the impact of forecasting，lead times，and information[J]. Management Science，2000，（3）：436-443.

[59] 尤建，朱峰. 信息共享条件下的牛鞭效应降低方法[J]. 物流科技，2004，（8）：40-42.

[60] Lee H L, So K C, Tang C S. The value of information sharing in a two-level supply chain[J]. Management Science, 2000, 46（5）: 626-643.

[61] Thonemann U W. Improving supply-chain performance by sharing advance demand information[J]. European Journal of Operational Research 2002, 142（3）: 81-107.

[62] Raghunathan S. Impact of demand correlation on the value of and incentives for information sharing in a supply chain[J]. European Journal of Operational Research, 2003, 146: 634-649.

[63] 侯世旺，马锡琪. 信息共享对供应链库存成本的价值分析[J]. 科技与管理，2004，（3）: 105-109.

[64] Gavirneni S, Kapuscinski R, Tayur S. Value of information in capacitated supply chain[J]. Management Science, 1999, 45（1）: 16-24.

[65] Cachon G P, Fisher M. Supply chain inventory management and the value of shared information[J]. Management Science, 2000, 46（8）: 1032-1048.

[66] Yu Z, Yan H, Cheng T. Modeling the benefits of information sharing-based partnerships in a two-level supply chain[J]. Journal of the Operational Research Society, 2002, 53: 436-446.

[67] Huang Z, Gangopadhyay A. A simulation study of supply chain management to measure the impact of information sharing[J]. Information Resources Management Journal, 2004, 7（3）: 20-31.

[68] Raju J S. Market information and firm performance[J]. Management Science, 2000, 46（8）: 1075-1084.

[69] Gavirneni S. Information flows in capacitated supply chains with fixed ordering costs[J]. Management Science, 2002, 48（5）: 644-651.

[70] Sahin F, Robinson E P. Information sharing and coordination in make-to-order supply chains[J]. Journal of Operations Management, 2005, （23）: 579-598.

[71] Samaddar S, Nargundkar S, Daley M. Inter organizational information sharing: the role of supply network configuration and partner goal congruence[J]. European Journal of Operational Research, 2006, 174（2）: 744-765.

[72] Deutsch M. Trust and suspicion[J]. Journal of Conflict Resolution, 1958, 2（4）: 265-279.

[73] Rotter J B. A new scale for the measurement of interpersonal trust[J]. Journal of Personality, 1967, 35（4）: 651.

[74] Mayer R C, Schoorman F D. An integrative model of organizational trust[J]. Academy of Management Review, 1995, 20（3）: 709-734.

[75] 刘永胜. 供应链企业之间信任问题研究[J]. 中国流通经济，2004，（11）: 14-17.

[76] 马胡杰，石岿然，范金. 供应链买方信任的源起及其对合约弹性的影响[J]. 管理评论，2015，27（11）: 192-206.

[77] Stuart V J, Taskin N. Trust in buyer - supplier catalyst for collaborative innovation[J]. Journal of Enterprise Information Management, 2012, 25（4）: 392-412.

[78] Zhang M, Huo B. The impact of dependence and trust on supply chain integration[J]. International Journal of Physical Distribution & Logistics Management, 2013, 43（7）: 544 - 563.

[79] 许淑君，马士华. 供应链企业间的信任机制研究[J]. 工业工程与管理，2000，（6）: 5-8.

[80] 王丽杰，冯岩岩. 交易费用视角下的供应链合作企业间的信任机制研究[J]. 理论探讨，2011，（2）：87-90.

[81] 廖诺，李小燕，吴菊华. 供应链间横向竞合战略对信息共享与创新绩效的影响研究[J]. 科技进步与对策，2016，33（13）：27-33.

[82] Daniel P, Jan O. Supply chain integration and performance: the effects of long-term relationships, information technology and sharing, and logistics integration[J]. International Journal of Production Economics, 2012, 135（1）: 514-522.

[83] 张群洪，刘震宇，严静，等. 信息技术采用对关系治理的影响：投入专用性的调节效应研究[J]. 南开管理评论，2010，13（1）：125-133.

[84] 曾敏刚，林倩，潘焕雯，等. 信息技术能力、信任与供应链整合的关系研究[J]. 管理评论，2017，29（12）：217-225，257.

[85] Kwon W G, Suh T. Factors affecting the level of trust and commitment in supply chain relationships[J]. Journal of Supply Chain Management, 2010, 40: 567-599.

[86] Saunders H C. Power and trust: critical factors in the adoption and use of electronic data interchange[J]. Organization Science, 1997, 8（1）: 23-42.

[87] 朱庆英，叶飞，吕晖，等. 供应商与客户间的多维度信任、承诺与信息共享之间关系的研究[J]. 工业工程与管理，2011，16（4）：46-55.

[88] 叶飞，吴佳，吕晖，等. 高管私人关系对供应商信息共享的作用机理研究——以组织间的信任为中介[J]. 科学学与科学技术管理，2011，32（6）：140-149.

[89] 叶飞，李怡娜，张红，等. 供应链信息共享影响因素、信息共享程度与企业运营绩效关系研究[J]. 管理学报，2009，6（6）：743-750.

[90] 叶飞，徐学军. 供应链伙伴特性、伙伴关系与信息共享的关系研究[J]. 管理科学学报，2009，12（4）：115-128.

[91] 冯华，聂蕾，海峰. 信息共享水平与供应链能力的相互作用关系研究——基于社会控制的中介效应[J]. 南开管理评论，2018，21（4）：85-92.

[92] 乔琳，丁莹莹. 供应链企业间合作行为对企业间合作绩效的影响[J]. 统计与决策，2019，35（11）：186-188.

[93] Anderson J C, Narus J A. A model of distributor firm and manufacturer firm working partnerships[J]. Journal of Marketing, 1990, 54（1）: 42-58.

[94] Lau G T, Lee S H. Consumers' trust in a brand and the link to brand loyalty[J]. Journal of Market-Focused Management, 1999, 4（4）: 341-370.

[95] Ganesan S. Determinants of long term orientation in buyer-seller relationships[J]. The Journal of Marketing, 1994, 58（2）: 1-19.

[96] Barney J B, Hansen M H. Trustworthiness as a source of competitive advantage[J]. Strategic Management Journal, 1994, 15（S1）: 175-190.

[97] Lewicki R J, Bunker B B. Trust in Relationships: A Model of Development and Decline[M]. San Francisco: Jossey-Bass, 1995.

[98] Sako M, Helper S. Determinants of trust in supplier relations: evidence from the automotive industry in Japan and the United States[J]. Journal of Economic Behavior and Organization,

1998, 34（3）：387-417.

[99] 杨静. 供应链内企业间信任的产生机制及其对合作的影响[D]. 浙江大学博士学位论文，2006.

[100] 张海燕. 供应链协作信任生命周期影响因素研究[J]. 企业经济，2014，33（10）：56-60.

[101] 曾文杰. 论关系沟通对供应链协同的影响作用[J]. 商业时代，2011，（2）：18-20.

[102] Sullivan J. Three roles of language in motivation theory[J]. Academy of Management Review，1988，13（1）：104-115.

[103] 曾伏娥，郑彤，詹志方. 权变视角下沟通类型和企业间交互环境对组织绩效的影响研究[J]. 管理学报，2018，15（10）：1003-1010.

[104] Ross J W，Beath C，Goodhue D L. Develop long-term competitiveness through IT assets[J]. Sloan Management Review，1996，38（1）：31-42.

[105] Birm M，Davison R，Kam B，et al. Developing organizational agility through IT and supply chain capability[J]. Journal of Global Information Management，2013，21（4）：38-55.

[106] 董超，黄丽华，项保华. 基于企业资源的视角：IT 与持续竞争优势[J]. 科学学与科学技术管理，2001，（11）：36-39.

[107] 殷国鹏，陈禹. 企业信息技术能力及其对信息化成功影响的实证研究——基于 RBV 理论视角[J]. 南开管理评论，2009，12（4）：152-160.

[108] Otto A，Fuchs C. Value of IT in supply chain planning[J]. Journal of Enterprise Information Management，2015，28（1）：77-92.

[109] 陈猛，刘和福，魏少波. IT 能力与市场响应性的关系研究[J]. 管理学报，2015，12（7）：1088-1096.

[110] 张晴. 供应链中的信息协调与 Agent 的应用研究[D]. 华中科技大学博士学位论文，2009.

[111] 霍明奎. 基于信息生态理论的供应链信息传递模式与传递效率研究[D]. 吉林大学博士学位论文，2015.

[112] Ellram O，Hendrick E. Selection decision in strategic partnership[J]. Journal of Purchasing and Materials Management，1990，（26）：8-15.

[113] Bensaou M. Interorganizational cooperation：the role of information technology an empirical comparison of US and Japanese supplier relations[J]. Information Systems Research，1997，8（2）：107-124.

[114] Chen S，Chen R. Manufacturer-supplier relationship in a JIT environment[J]. Production and Inventory Management Journal，1997，38（1）：58-65.

[115] Yang T M，Maxwell T A. Information-sharing in public organizations：a literature review of interpersonal，intra-organizational and inter-organizational success factors[J]. Government Information Quarterly，2011，28（2）：164-175.

[116] Handfield R B，Nichols E L. Introduction to Supply Chain Management[M]. Englewood Cliffs：Prentice-Hall，1999.

[117] Iannacci F，Simeonova B，Kawalek P. Investigating the determinants of inter-organizational information sharing within criminal justice：a context-mechanism-outcome approach[J]. Journal of Information Technology，2022，37（2）：188-208.

[118] Gao J, Lee J D. Extending the decision field theory to model operators' reliance on automation in supervisory control situations[J] IEEE Transactions on Systems, Man, and Cybernetics-Part A: Systems and Humans, 2006, 36（5）: 943-959.

[119] Ferguson M, Fleischmann M, Souza G C. Applying revenue management to the reverse supply Chain[J]. ERIM Report Series Research in Management, 2008, 80（2）: 25-26.

[120] 李随成, 杨功庆. IT 能力及信息共享对企业间研发合作的影响研究[J]. 科研管理, 2008, （4）: 55-63.

[121] 何蒲, 于戈, 张岩峰, 等. 区块链技术与应用前瞻综述[J]. 计算机科学, 2017, （44）: 1-7, 15.

[122] 王焯, 汪川. 区块链技术: 内涵、应用及其对金融业的重塑[J]. 新金融, 2016, （333）: 57-62.

[123] 张亮, 刘百祥, 张如意, 等. 区块链技术综述[J]. 计算机工程, 2019, 500（45）: 1-12.

[124] 傅丽玉, 陆歌皓, 吴义明, 等. 区块链技术的研究及其发展综述[J]. 计算机科学, 2022, 49（S1）: 447-461, 666.

[125] 袁勇, 王飞跃. 区块链技术发展现状与展望[J]. 自动化学报, 2016, （42）: 481-494.

[126] 朱建明, 付永贵. 区块链应用研究进展[J]. 科技导报, 2017, （13）: 70-76.

[127] 张成岗. 区块链时代: 技术发展、社会变革及风险挑战[J]. 人民论坛学术前沿, 2018, （148）: 33-43.

[128] Crosby M, Pattanayak P, Verma S, et al. Blockchain technology: beyond bitcoin[J]. Applied Innovation Review, 2016, （2）: 7-19.

[129] Böhme R, Christin N, Edelman B, et al. Bitcoin: economics, technology, and governance[J]. Journal of economic Perspectives, 2015, 29（2）: 213-238.

[130] Guo Y, Liang C. Blockchain application and outlook in the banking industry[J]. Financial Innovation, 2016, 2（1）: 1-12.

[131] Truby J. Decarbonizing bitcoin: law and policy choices for reducing the energy consumption of blockchain technologies and digital currencies[J]. Energy Research & Social Science, 2018, 44: 399-410.

[132] Attaran M, Gunasekaran A. Blockchain-enabled technology: the emerging technology set to reshape and decentralise many industries[J]. International Journal of Applied Decision Sciences, 2019, 12（4）: 424-444.

[133] Tornjanski V, Marinković S, Săvoiu G, et al. A need for research focus shift: banking industry in the age of digital disruption[J]. Econophysics, Sociophysics & Other Multidisciplinary Sciences Journal, 2015, 5（3）: 11-15.

[134] Treleaven P, Brown R G, Yang D. Blockchain technology in finance[J]. Computer, 2017, 50（9）: 14-17.

[135] Sankaranarayanan G, Rajagopalan K K. Usage of blockchain technology in banking sector and its implication on Indian economy[J]. Alochana Chakra Journal, 2020, （9）: 477-491.

[136] Makridakis S, Christodoulou K. Blockchain: current challenges and future prospects/applications[J]. Future Internet, 2019, 11（12）: 1-16.

[137] Andrea P，Wiebe R. Distributed ledger technologies in securities post-trading revolution or evolution？[R]. Occasional Paper Series 172，European Central Bank，2016.

[138] Chakrabarti A，Chaudhuri A K. Blockchain and its scope in retail[J]. International Research Journal of Engineering and Technology，2017，4（7）：3053-3056.

[139] 黄郑正，张晓蝶，赵金辉，等. 基于区块链的知识共享机制的设计[J]. 重庆理工大学学报（自然科学），2021，35（9）：143-151.

[140] Dwivedi A D，Srivastava G，Dhar S，et al. A decentralized privacy-preserving healthcare blockchain for IoT[J]. Sensors，2019，19（2）：1-17.

[141] Jayaraman R，Salah K，King N. Improving opportunities in healthcare supply chain processes via the internet of things and blockchain technology[J]. International Journal of Healthcare Information Systems and Informatics，2019，14（2）：49-65.

[142] Yue X，Wang H，Jin D，et al. Healthcare data gateways：found healthcare intelligence on blockchain with novel privacy risk control[J]. Journal of Medical Systems，2016，40（10）：1-8.

[143] Zhang P，White J，Schmidt D C，et al. FHIR Chain：applying blockchain to securely and scalably share clinical data[J]. Computational and Structural Biotechnology Journal，2018，16：267-278.

[144] 薛腾飞，傅群超，王枞，等. 基于区块链的医疗数据共享模型研究[J]. 自动化学报，2017，43（9）：1555-1562.

[145] Ahl A，Yarime M，Goto M，et al. Exploring blockchain for the energy transition：opportunities and challenges based on a case study in Japan[J]. Renewable and Sustainable Energy Reviews，2020，117：109488.

[146] Andoni M，Robu V，Flynn D，et al. Blockchain technology in the energy sector：a systematic review of challenges and opportunities[J]. Renewable and Sustainable Energy Reviews，2019，100：143-174.

[147] Sullivan C，Burger E. Blockchain，Digital Identity，E-government[M]. New York：Palgrave Macmillan，Cham，2019：233-258.

[148] Hou H. The application of blockchain technology in E-government in China[C]. 2017 26th International Conference on Computer Communication and Networks. Vancouver，2017.

[149] Navadkar V H，Nighot A，Wantmure R. Overview of blockchain technology in government/public sectors[J]. International Research Journal of Engineering and Technology，2018，5（6）：2287-2292.

[150] Marr B. 30+ real examples of blockchain technology in practice[EB/OL]. https://bernardmarr.com/30-real-examples-of-blockchain-technology-in-practice/，2021-07-02.

[151] Farooq M S，Khan M，Abid A. A framework to make charity collection transparent and auditable using blockchain technology[J]. Computers & Electrical Engineering，2020，83：106588.

[152] 梁喜，肖金凤. 基于区块链和消费者敏感的双渠道供应链定价与渠道选择[EB/OL]. https://doi.org/10.16381/j.cnki.issn1003-207x.2020.1755，2021-06-11.

[153] 黄先开. 区块链技术在旅游业的应用创新及未来发展[J]. 北京工商大学学报（社会科学版），2020，35（5）：1-10.

[154] Önder I, Treiblmaier H. Blockchain and tourism: three research propositions[J]. Annals of Tourism Research, 2018, 72 (C): 180-182.

[155] Dutra A, Tumasjan A, Welpe I M. Blockchain is changing how media and entertainment companies compete[J]. MIT Sloan Management Review, 2018, 60 (1): 39-45.

[156] Kshetri N. 1 Blockchain's roles in meeting key supply chain management objectives[J]. International Journal of Information Management, 2018, 39: 80-89.

[157] Apte S, Petrovsky N. Will blockchain technology revolutionize excipient supply chain management? [J]. Journal of Excipients and Food Chemicals, 2016, 7 (3): 76-78.

[158] Saberi S, Cruz J M, Sarkis J, et al. A competitive multiperiod supply chain network model with freight carriers and green technology investment option[J]. European Journal of Operational Research, 2018, 266 (3): 934-949.

[159] Seebacher S, Schüritz R. Blockchain technology as an enabler of service systems: a structured literature review[C]. International Conference on Exploring Services Science, Cham, 2017.

[160] Raman S, Patwa N, Niranjan I, et al. Impact of big data on supply chain management[J]. International Journal of Logistics Research and Applications, 2018, 21 (6): 579-596.

[161] Litke A, Anagnostopoulos D, Varvarigou T. Blockchains for supply chain management: architectural elements and challenges towards a global scale deployment[EB/OL]. https://doi. org/10.3390/logistics3010005, 2019-01-18.

[162] Patronick M, Natale M A, Biggs J, et al. Blockchain: revolutionizing the global supply chain by building trust and transparency[J]. https://www.academia.edu/es/33180964/BlockchainRevoluti onizingtheGlobalSupplyChainbyBuildingTrustandTransparency, 2017-12-20.

[163] Abeyratne S A, Monfared R P. Blockchain ready manufacturing supply chain using distributed ledger[J]. International Journal of Research in Engineering and Technology, 2016, 5 (9): 1-10.

[164] Vaio A D, Varriale L. Blockchain technology in supply chain management for sustainable performance: evidence from the airport industry[J]. International Journal of Information Management, 2020, 52: 386-401.

[165] Bowen F E, Cousins P D, Lamming R C, et al. The role of supply management capabilities in green supply[J]. Production and Operations Management, 2001, 10 (2): 174-189.

[166] Goldbach M, Seuring S, Back S. Co-ordinating sustainable cotton chains for the mass market: the case of the German mail-order business OTTO[J]. Greener Management International, 2003, (43): 65-78.

[167] Rao P, Holt D. Do green supply chains lead to competitiveness and economic performance? [J]. International Journal of Operations & Production Management, 2005, 25 (9/10): 898-916.

[168] Yadav S, Singh S P. Blockchain critical success factors for sustainable supply chain[J]. Resources, Conservation and Recycling, 2020, 152: 104505.

[169] Lindman J, Rossi M. Tuunainen V K. Opportunities and risks of blockchain technologies in payment—a research agenda[C]. Proceedings of the 50th Hawaii International Conference on System Sciences, Waikoloa, 2017.

[170] Tijan E, Aksentijević S, Ivanić K, et al. Blockchain technology implementation in logistics[J].

Sustainability, 2019, 11（4）: 1185.

[171] Behnke K, Janssen M. Boundary conditions for traceability in food supply chains using blockchain technology[J]. International Journal of Information Management, 2020, 52: 101969.

[172] Tian F. An agri-food supply chain traceability system for China based on RFID & blockchain technology[C]. 2016 13th International Conference on Service Systems and Service Management, Kunming, 2016.

[173] Mao D, Hao Z, Wang F, et al. Innovative blockchain-based approach for sustainable and credible environment in food trade: a case study in shandong province, China[J]. Sustainability, 2018, 10（9）: 3149.

[174] Kamble S, Gunasekaran A, Arha H. Understanding the Blockchain technology adoption in supply chains-Indian context[J]. International Journal of Production Research, 2019, 57（7）: 2009-2033.

[175] Pan X, Pan X, Song M, et al. Blockchain technology and enterprise operational capabilities: an empirical test[J]. International Journal of Information Management, 2020, 52: 101946.

[176] Wong L W, Leong L Y, Hew J J, et al. Time to seize the digital evolution: Adoption of blockchain in operations and supply chain management among Malaysian SMEs[J]. International Journal of Information Management, 2020, 52: 101997.

[177] Babich V, Hilary G. OM Forum—distributed ledgers and operations: what operations management researchers should know about blockchain technology[J]. Manufacturing & Service Operations Management, 2020, 22（2）: 223-240.

[178] 刘信来. 制造业供应链追踪 Blockchain 系统研究[D]. 广东工业大学硕士学位论文, 2019.

[179] 付蓬勃, 吕永波, 任远, 等. 供应链协同管理模式下的信息共享机制研究[J]. 物流技术, 2007,（6）: 88-90.

[180] 闫树, 卿苏德, 魏凯. 区块链在数据流通中的应用[J]. 大数据, 2018, 4（1）: 3-12.

[181] 关越. 基于区块链的供应链信息协同管理研究[D]. 秦皇岛: 燕山大学硕士学位论文, 2018.

[182] 孙凯. 浅谈区块链技术在物流领域的应用[J]. 中国管理信息化, 2019,（12）: 135-136.

[183] 朱兴雄, 何清素, 郭善琪. 区块链技术在供应链金融中的应用[J]. 中国流通经济, 2018, 32（3）: 111-119.

[184] Quamara S, Singh A K. SChain: towards the quest for redesigning supply-chain by augmenting Blockchain for end-to-end management[J]. International Journal of Information Technology, 2022, 14（5）: 2343-2354.

[185] Clark B, Burstall R. Blockchain, IP and the pharma industry—how distributed ledger technologies can help secure the pharma supply chain[J]. Journal of Intellectual Property Law & Practice, 2018, 13（7）: 531-533.

[186] Wei W, Woźniak M, Damaševičius R, et al. Algorithm research of known-plaintext attack on double random phase mask based on WSNs[J]. Journal of Internet Technology, 2019, 20（1）: 39-48.

[187] Han Y, Li J, Yang X L, et al. Dynamic prediction research of silicon content in hot metal driven by big data in blast furnace smelting process under hadoop cloud platform[EB/OL]. https://

downloads.hindawi.com/journals/complexity/2018/8079697.pdf, 2018.

[188] Kranjc J, Oračc R, Podpečan V. ClowdFlows: Online workflows for distributed big data mining[J]. Future Generation Computer Systems, 2017, 68: 38-58.

[189] Chang V, Rama chandran M, Wills G, et al. Editorial for FGCS special issue: big data in the cloud[J]. Future Generation Computer Systems, 2016, 65: 73-75.

[190] Mentzer J T, Dewitt W, Keebler J S, et al. Defining supply chain management[J]. Journal of Business Logistics, 2001, 22 (2): 1-25.

[191] Chang Y, Iakovou E, Shi W. Blockchain in global supply chains and cross border trade: a critical synthesis of the state-of-the-art, challenges and opportunities[J]. International Journal of Production Research, 2020, 58 (7): 2082-2099.

[192] Prithviraj L, David B, William W. Blockchain technology in international commodity trading[J]. Journal of Private Enterprise, 2020, 35 (2): 23-46.

[193] Helo P, Hao Y. Blockchains in operations and supply chains: a model and reference implementation[J]. Computers & Industrial Engineering, 2019, 136: 242-251.

[194] Liu J G, Zhang H M, Zhen L. Blockchain technology in maritime supply chains: applications, architecture and challenges[EB/OL]. https://doi.org/10.1080/00207543.2021.1930239, 2021-05-26.

[195] Kim H M, Laskowski M. Toward an ontology-driven blockchain design for supply-chain provenance[J]. Intelligent Systems in Accounting, Finance and Management, 2018, 25 (1): 18-27.

[196] Rauch E, Seidenstricker S, Dallasega P, et al. Collaborative cloud manufacturing: design of business model innovations enabled by cyberphysical systems in distributed manufacturing systems[EB/OL]. https://doi.org/10.1155/2016/1308639, 2016-11-22.

[197] Petersen M, Hackius N, Kersten W. Blockchains für produktion und logistik. [J]. Zeitschrift für wirtschaftlichen Fabrikbetrieb, 2017, 111 (10): 626-629.

[198] Dobrovnik M, Herold D M, Fürst E, et al. Blockchain for and in logistics: what to adopt and where to start[J]. Logistics, 2018, 2 (3): 18.

[199] Wu J, Tran N K. Application of blockchain technology in sustainable energy systems: an overview[J]. Sustainability, 2018, 10 (9): 1-22.

[200] Hackius N, Petersen M. Blockchain in logistics and supply chain: trick or treat? [C]. Proceedings of the Hamburg International Conference of Logistics (HICL), Berlin, 2017.

[201] 祝锡永, 李杰. 区块链在优化供应链信息协同管理中的应用研究[J]. 物流工程与管理, 2020, 42 (5): 77-80.

[202] 余建海. 基于区块链技术的冷链物流供应链管理破壁研究[J]. 物流科技, 2019, 42 (6): 149-151.

[203] 汪传雷, 万一荻, 秦琴, 等. 基于区块链的供应链物流信息生态圈模型[J]. 情报理论与实践, 2017, 40 (7): 115-121.

[204] Yang A, Li Y, Liu C, et al. Research on logistics supply chain of iron and steel enterprises based on block chain technology[J]. Future Generation Computer Systems, 2019, 101: 635-645.

[205] Yang A M, Lin, H L, Jin D H. Edge Extraction of mineralogical phase based on fractal

theory[J]. Chaos, Solitions & Fractals, 2018, 117: 215-221.

[206] Wang L. Give full play to regional advantages, effectively integrate resources, and enhance the service capacity of steel supply chain extension[J]. Railway Procurement and Logistics, 2013, (4): 31-36.

[207] Luo X L. Exploration of the application of blockchain technology in the field of logistics[J]. China Business Theory, 2017, 24: 7-8.

[208] Wang M J. Blockchain technology and its application in logistics express delivery business[J]. Logistics Technology, 2017, 36 (3): 31-34.

[209] Zhu X X, He Q S, Guo S Q. Application of blockchain technology in supply chain finance[J]. China's Circulation Economy, 2018, 32 (3): 111-119.

[210] 郝臣. 信任、合约与网络组织治理机制[J]. 天津社会科学, 2005, 5 (5): 64-67.

[211] 殷茗, 赵嵩正. 供应链协作信任影响因素的实证研究[J]. 工业工程与管理, 2006, (3): 80-85.

[212] 曾文杰, 马士华. 供应链合作关系相关因素对协同的影响研究[J]. 工业工程与管理, 2010, 15 (2): 1-7.

[213] 李秀起, 赵艳萍. 供应链合作伙伴关系中信任行为分析[J]. 中国物流与采购, 2010, (14): 60-61.

[214] 汪剑群. 供应链合作伙伴间信任机制的建立及保障研究[D]. 重庆理工大学硕士学位论文, 2011.

[215] 和征, 曲姣姣, 李勃. 考虑政府奖惩的绿色供应链企业合作创新行为的演化博弈分析[J]. 生态经济, 2021, 37 (11): 62-70.

[216] 王利, 游益云, 代杨子. 基于生命周期供应链企业间信任影响因素实证研究[J]. 工业工程与管理, 2013, 18 (2): 6-11.

[217] 陈建成. 医药供应链企业间信任影响因素研究[D]. 沈阳理工大学硕士学位论文, 2013.

[218] 杨志勇, 王永贵. 顾客沟通对顾客合作意愿的影响研究——基于银行业关系利益和顾客信任的差别化角色实证分析[J]. 山西财经大学学报, 2013, 35 (6): 32-41.

[219] 曾敏刚, 吕少波, 吴倩情. 政府支持、信任与供应链外部整合的关系研究[J]. 中国管理科学, 2014, 22 (12): 48-55.

[220] 张海燕, 孙树伟. 基于ISM的供应链协作信任影响因素研究[J]. 企业经济, 2015, 34 (10): 84-88.

[221] 郑津. 供应链企业间信任影响因素研究[J]. 金融经济, 2017, (2): 131-132.

[222] 王雪芳, 张红霞. 全行业危机下沟通策略的选择与消费者信任重建[J]. 管理学报, 2017, 14 (9): 1362-1373.

[223] 张宇林, 王莉. 供应链合作伙伴关系影响因素研究[J]. 物流工程与管理, 2018, 40 (3): 86-87, 43.

[224] 卢艳秋, 宋昶, 王向阳, 等. 知识管理视角下企业间信任驱动企业数字化转型的路径研究——基于工业互联网平台用户企业的案例[J/OL]. 科技进步与对策: 1-11[2023-05-24].

[225] Gulati R. Does Familiarity Breed Trust? The implications of repeated ties for contractual choice in alliances[J]. The Academy of Management Journal, 1995, 38 (1): 85-112.

[226] Kumar N, Scheer L K. The effects of perceived interdependence on dealer attitudes[J]. Journal of Marketing Research, 1995, 32（3）: 348-356.

[227] Mishra D P, Heide J B, Cort S G. Information asymmetry and levels of agency relationships[J]. Journal of Marketing Research, 1998, 35（3）: 277-295.

[228] Luhmann N. Familiarity, confidence, trust: problems and alternatives[J]. Trust: Making and Breaking Cooperative Relations, 2000,（6）: 94-107.

[229] Anand B N, Khanna T. Do firms learn to create value? The case of alliances[J]. Strategic Management Journal, 2000, 21（3）: 295-315.

[230] Handfield R, Bechtel C. The role of trust and relationship structure in improving supply chain responsiveness[J]. Industrial Marketing Management, 2002,（31）: 367-382.

[231] Kwon I, Whan G, Suh T. Trust, commitment and relation-ships in supply chain management: a path analysis[J]. Supply Chain Management: An International Journal, 2005, 10（1）: 26-33.

[232] Sampson R C. Experience effects and collaborative returns in R&D alliances[J]. Strategic Management Journal, 2005, 26（11）: 1009-1031.

[233] Suh T, Kwon W G. Matter over mind: when specific asset investment affects calculative trust in supply chain partner-ship[J]. Industrial Marketing Management, 2006, 35（2）: 191-201.

[234] Ye F, Xu X J. Impact of trust. and relationship commitment among supply chain partners on information sharing and operational performance[J]. Systems Engineering-Theory & Practice, 2009, 29（8）: 36-49.

[235] Ben N A, Putterman L. Trust, communication and contracts: an experiment[J]. Journal of Economic Behavior & Organization, 2009, 70（1）: 106-121.

[236] Nyaga G N, Whipple J M, Lynch D F. Examining supply chain relationships: do buyer and supplier perspectives on collaborative relationships differ? [J]. Journal of Operations Management, 2010, 28（2）: 101-114.

[237] Kwon S. Interdisciplinary knowledge integration as a unique knowledge source for technology development and the role of funding allocation[J]. Technological Forecasting and Social Change, 2022, 181: 121767.

[238] Cai S H, Jun M, Yang Z L. Implementing supply chain information integration in China: the role of institutional forces and trust[J]. Journal of Operation Management, 2010, 28（3）: 257-268.

[239] Chen J V, Yen D C, Rajkumar T M et al. The antecedent factors on trust and commitment in supply chain relationships[J]. Computer Standards & Interfaces, 2011, 33（3）: 262-270.

[240] Khosravifar B, Bentahar J, Gomrokchi M, et al. CRM: an efficient trust and reputation model for agent computing[J]. Knowledge-Based Systems, 2011, 30（7）: 1-16.

[241] Capaldo A, Giannoccaro I. How does trust affect performance in the supply chain? The moderating role of interdependence[J]. International Journal of Production Economics, 2015, 166（C）: 36-49.

[242] 王利, 葛凯利. 商业生态系统中企业间信任的影响因素[J]. 物流技术, 2019, 38（11）: 58-62, 128.

[243] Zhou H，Benton W C. Supply chain practice and information sharing[J]. Journal of Operations Management，2007，25（6）：1348-1365.

[244] Dubey R，Gunasekaran A，Child S J，et al. Big data analytics and organizational culture as complements to swift trust and collaborative performance in the humanitarian supply chain[J]. International Journal of Production Economics，2019，210（C）：120-136.

[245] Barratt M，Oke A. Antecedents of supply chain visibility in retail supply chains：a resource based theory perspective[J]. Journal of Operations Management，2007，25（6）：1217-1233.

[246] Jonsson P，Gustavsson M. The impact of supply chain relationships and automatic data communication and registration on forecast information quality[J]. International Journal of Physical Distribution and Logistics Management，2008，38（4）：280-295.

[247] Nadar S，Robert P. Modeling the relationship between firm IT capability collaboration and performance[J]. Journal of Business Logistics，2005，26（1）：1-23.

[248] 张雅琪，陈菊红，王欢. IT 能力、信息共享与供应链整合的关系研究[J]. 科技管理研究，2011，31（22）：180-184.

[249] Ghosh A，Fedorowicz J. The role of trust in supply chain governance[J]. Business Process Management Journal，2008，14（4）：453-470.

[250] 叶飞，薛运普. 供应链伙伴间信息共享对运营绩效的间接作用机理研究——以关系资本为中间变量[J]. 中国管理科学，2011，19（6）：112-125.

[251] 和征，王进富，李勃，等. 服务供应链信息共享的信任激励模型[J]. 技术经济与管理研究，2017（11）：57-61.

[252] Shibin S，James R，Carolyn Y. The mediating role of communication in interorganizational channels[J]. Journal of Marketing Channels，2005，13（2）：51-80.

[253] Tallon P P，Hall F，Ave C，et al. The impact of IT capabilities on firm performance：perspectives on the mediating effects of strategic alignment[J]. Working Paper，2005，8（24）：437-449.

[254] Bassellier G，Benbasat I. Business competence of information technology professionals：conceptual development and influence on IT-business relationship[J]. MIS Quarterly，2004，8（4）：673-694.

[255] Boynton A C，Zmud R W，Jacobs G C. The influence of IT management practice on IT use in large organization[J]. MIS Quarterly，1994，18（3）：299-318.

[256] Ross J W，Weill P. Six IT decisions your IT people shouldn't make[J]. Harvard Business Review，2002，11：84-91.

[257] 曹玉玲，李随成. 企业间信任的影响因素模型及实证研究[J]. 科研管理. 2011，32（1）：137-146.

[258] Yeung J H Y，Selen W，Zhang M，et al. The effects of trust and coercive power on supplier integration[J]. International Journal of Production Economics，2009，120（1）：66-78.

[259] 张晴，刘志学. 供应链信息协调实现的相关研究[J]. 情报杂志，2010，29（1）：46-49.

[260] Seidmann A，Sundararajan A. Sharing logistics information across organizations：technology，competition，and contracting[C]//Kemerer C F. Information Technology and Industrial Competitiveness：How IT Shapes Competition. New Jersey：Kluwer Academic

Publishers，1998：107-136.

[261] Ashkenazy Y. The use of generalized information dimension in measuring fractal dimension of time series[J]. Physica A：Statistical Mechanics and its Applications，1999，271（3/4）：427-447.

[262] 叶飞，李怡娜. 供应链伙伴关系、信息共享与企业运营绩效关系[J]. 工业工程与管理，2006，9（7）：1007-5429.

[263] Li J Q，Sikora R，Shaw M J，et al. A strategic analysis of inter organizational information sharing[J]. Decision Support Systems，2006，42（1）：251-266.

[264] Gao J，Lee J D，Zhang Y. A dynamic model of interaction between reliance on automation and cooperation in multi-operator multi-automation situations[J]. International Journal of Industrial Ergonomics，2006，36（5）：511-526.

[265] Syntetos A A，Babai J E. Supply chain forecasting：theory，practice，their gap and the future[J]. European Journal of Operational Research，2015，252（1）：1-26.

[266] 林毅夫，孙希芳，姜烨. 经济发展中的最优金融结构理论初探[J]. 经济研究，2009，44（8）：4-17.

[267] Zucker L G. Production of trust：institutional sources of economic structure，1840-1920[J]. Research in Organizational Behavior，1986，8：53-111.

[268] Borg E A. Problem shifts and market research：the role of networks in business relationships[J]. Scandinavian Journal of Management，1991，7（4）：285-295.

[269] Wang M Y，Sheng S B，Zhou K Z. Fairness asymmetry，changes in mutual trust，and supplier performance in buyer-supplier exchanges in China：a dyadic view[J]. Industrial Marketing Management，2022，106：14-30.

[270] Coase R H. The nature of the firm[J]. Economica，1937，4（16）：386-405.

[271] Williamson O E. Transaction-cost economics：the governance of contractual relations[J]. The Journal of Law and Economics，1979，22（2）：233-261.

[272] Nash J. Non-cooperative games[J]. Annals of Mathematics，1951：286-295.

[273] Moorman C，Zaltman G，Deshpande R. Relationships between providers and users of market research：the dynamics of trust within and between organizations[J]. Journal of Marketing Research，1992，29（3）：314-328.

[274] 刘胜春，阮萍. 文化因素如何影响供应链中的信息共享水平——一个基于我国农业领域中"关系"的实证研究[J]. 云南财经大学学报，2020，36（5）：66-75.

[275] 张维迎，柯荣住. 信任及其解释：来自中国的跨省调查分析[J]. 经济研究，2002，（10）：59-70，96.

[276] 杨继彬，李善民，杨国超，等. 省际双边信任与资本跨区域流动——基于企业异地并购的视角[J]. 经济研究，2021，56（4）：41-59.

[277] 曹春方，夏常源，钱先航. 地区间信任与集团异地发展——基于企业边界理论的实证检验[J]. 管理世界，2019，35（1）：179-191.

[278] 黄玖立，刘畅. 方言与社会信任[J]. 财经研究，2017，43（7）：83-94.

[279] Liu Y，Jiao Y，Xu X. Promoting or preventing labor migration? Revisiting the role of

language[J]. China Economic Review，2020，60：101407.

[280] 刘毓芸，徐现祥，肖泽凯. 劳动力跨方言流动的倒 U 型模式[J]. 经济研究，2015，577（10）：136-148，164.

[281] Krugman P. Scale economies，product differentiation，and the pattern of trade[J]. The American Economic Review，1980，70（5），950-959.

[282] Antras P. Firms，contracts，and trade structure[J]. The Quarterly Journal of Economics，2003，118（4）：1375-1418.

[283] Humphrey J，Schmitz H. Governance and upgrading：linking industrial cluster and global value chain research. brighton：institute of development studies[C]. 24th Australasian Conference on Information Systems，Melbourne，2000.

[284] Sanyal K K，Jones R W. The theory of trade in middle products[J]. The American Economic Review，1982，72（1）：16-31.

[285] Hawtrey R，Tinbergen J，Johnson H G. Shaping the world economy：suggestions for an international economic policy[J]. Economica，1963，39（3）：433-434.

[286] Tinbergen J. Shaping the World Economy：Suggestions for an International Economic Policy[M]. New York：Cambridge University Press，1962.

[287] Caliendo L，Parro F. Estimates of the trade and welfare effects of NAFTA[J]. The Review of Economic Studies，2015，82（1）：1-44.

[288] Dixit A K，Stiglitz J E. Monopolistic competition and optimum product diversity[J]. The American Economic Review，1977，67（3）：297-308.

[289] Eaton J，Kortum S. Technology，geography，and trade[J]. Econometrica，2002，70（5）：1741-1779.

[290] Lewenberg Y，Sompolinsky Y，Zohar A. Inclusive block chain protocols[J]. Financial Cryptography and Data Security，2015，8975：528-547.

[291] Nian LP，Chuen D L K. Introduction to bitcoin[J]. Handbook of Digital Currency：Bitcoin，Innovation，Financial Instruments，and Big Data，2015，15（5）：1-15.

[292] Luu L，Chu D H，Olickel H，et al. Proceedings of the 2016 ACM SIGSAC conference on computer and communications security[C]. Making Smart Contracts Smarter，Hangzhou，2016.

[293] 艾瑞咨询. 2020 年中国生鲜农产品供应链研究报告[EB/OL]. http://report.iresearch.cn/report/202003/3545.shtml，2020-03-30.

[294] 张静，傅新红. 聚焦供应链管理提升产业化经营——农产品供应链管理与农业产业化经营国际研讨会观点综述[J]. 中国农村经济，2007，（2）：77-80.

[295] 国务院办公厅. 国务院办公厅关于积极推进供应链创新与应用的指导意见[EB/OL]. http://www.gov.cn/zhengce/content/2017-10/13/content_5231524.htm，2017-10-13.

[296] 王英姿，黎霆. 国际粮商的农业供应链管理及其对我国的启示——以美国嘉吉公司为例[J]. 中国发展观察，2013，（2）：60-62.

[297] 彭建仿，胡霞. 农业社会化服务供应链构建：管理框架与组织模式[J]. 华南农业大学学报（社会科学版），2021，20（4）：24-32.

[298] 叶飞，林强，莫瑞君. 基于 B-S 模型的订单农业供应链协调机制研究[J]. 管理科学学报，

2012，15（1）：66-76.

[299] 王宏宇，温红梅. 区块链技术在农业供应链金融信息核实中的作用：理论框架与案例分析[J]. 农村经济，2021，（6）：61-68.

附录 供应链企业间信任关系的问卷调查

尊敬的先生/女士：

您好！衷心感谢您对本问卷调研的支持。本次调研由西北工业大学管理学院发起，拟通过实证方式对我国供应链企业间信息与信任的关系进行研究，以期推动供应链企业间信任问题的解决。对于您提供的数据，我们将严格保密，只做科学研究之用，故敬请放心、如实填写。

请您在填写问卷时细心阅读，并根据您的真实感受和想法作答，所有问题答案没有对错之分。请选用最适合作答的经营单位，可以是贵公司的集团公司或子公司，并确保所有问题都是针对该经营单位作答。

再次感谢您对我们研究的帮助及提出的宝贵意见！祝您身体健康，工作如意！

第一部分

一、公司基本信息

1. 您目前在贵公司的职务？

A. 公司所有者　　　B. 高层管理者　　　C. 中层管理者

D. 基层管理者　　　E. 其他____

2. 您目前在贵公司任职__年？

A. ≤5　　　B. 6~10　　　C. 11~20　　　D. 21~30　　　E. 31~40　　　F. ≥41

3. 贵公司所属行业？

A. 农林牧渔业	B. 采矿业	C. 制造业	D. 电力、热力、燃气及水生产和供应业
E. 建筑业	F. 批发和零售业	G. 交通运输、仓储和邮政业	H. 住宿和餐饮业
I. 信息传输、软件和信息技术服务业	J. 金融业	K. 房地产业	L. 其他行业

4. 贵公司的固定资产规模（单位：元）？
A．＜500万　　B. 500万~1 000万（不含）　　C. 1 000万~2 000万（不含）
D. 2 000万~5 000万（不含）　　E．≥5 000万
5. 贵公司从成立至今有__年 ？
A．≤5　　B. 6~10　　C. 11~25　　D．＞25　　E．不清楚
6. 贵公司的所有制类型？
A．国有/集体企业　　B．私营/民营企业　　C．外资企业　　D．合资企业
7. 贵公司有__名员工？
A．＜100　　B. 100~299　　C. 300~999　　D. 1 000~1 999　　E．≥2 000

第二部分

请您根据贵公司的实际情况进行打分。
二、沟通

编号	沟通问项							
TSK1	公司与供应商交换了大量详细的有关业务方面的信息	1	2	3	4	5	6	7
TSK2	公司会与供应商讨论彼此必须履行的任务和工作职责	1	2	3	4	5	6	7
GRL1	公司会与供应商讨论彼此关注的目标	1	2	3	4	5	6	7
GRL2	供应商会与公司谈论其关于经销商的计划	1	2	3	4	5	6	7
SOC1	公司与供应商之间的同级人员会谈论工作以外的兴趣	1	2	3	4	5	6	7
SOC2	公司与供应商之间的同级人员会进行非正式的或社交活动	1	2	3	4	5	6	7

三、信息技术能力

编号	信息技术能力问项							
IT1	公司的信息技术平台可以很好地满足员工之间的信息共享、沟通交流等协作需求	1	2	3	4	5	6	7
IT2	公司的信息技术平台可以轻松地实现与供应商、客户等外部伙伴之间的电子化连接	1	2	3	4	5	6	7
IT3	公司信息技术部门对于系统日常故障的处理有专门人员按程序处理，并分析原因逐步改善	1	2	3	4	5	6	7
IT4	公司信息技术员工对公司流程、职能领域（如销售、生产、物流、采购、财务等）非常熟悉	1	2	3	4	5	6	7
IT5	公司业务/职能部门的管理层将信息技术应用作为优化业务流程、提高效率的重要工具	1	2	3	4	5	6	7
IT6	公司已经建立以业务导向的信息技术绩效评估，重视考察信息技术投资与应用对业务的贡献	1	2	3	4	5	6	7

四、信息共享

编号	信息共享问项							
IS1	公司会共享有关产品品种和价格方面的信息	1	2	3	4	5	6	7
IS2	公司会共享公布及获取的有关订单处理方面的信息	1	2	3	4	5	6	7
IS3	公司会共享公布及获取的有关生产能力方面的信息	1	2	3	4	5	6	7
IS4	公司会共享公布及获取的有关供货情况方面的信息	1	2	3	4	5	6	7
IS5	公司会共享公布及获取的有关市场预测方面的信息	1	2	3	4	5	6	7
IS6	公司会共享公布及获取的有关新产品设计方面的信息	1	2	3	4	5	6	7

五、供应商信任关系

编号	信任问项							
TS1	考虑到我们的关系，公司相信主要供应商会做正确的决定	1	2	3	4	5	6	7
TS2	公司与主要供应商有高度的信赖关系	1	2	3	4	5	6	7
TS3	公司相信主要供应商会遵守契约	1	2	3	4	5	6	7

六、客户信任关系

编号	信任问项							
TC1	公司相信主要客户会遵守承诺	1	2	3	4	5	6	7
TC2	公司相信主要客户制定重大决策时会考虑本公司的利益	1	2	3	4	5	6	7
TC3	公司相信主要客户会将本公司利益放在至关重要的位置	1	2	3	4	5	6	7

　　问卷到此结束，请确认所有题目均已答完。如果您希望进一步了解此项研究，或对此项研究有任何疑问或建议，请与我们联系：sliping@mail.nwpu.edu.cn。再次感谢您对此项研究的支持！